裴斐 著

李白十论

山西出版传媒集团
山西人民出版社

图书在版编目(CIP)数据

李白十论/裴斐著. —— 太原：山西人民出版社，
2024.7（2024.9重印）. —— ISBN 978-7-203-13473-2

Ⅰ．K825.6

中国国家版本馆CIP数据核字第202487LL44号

李白十论

| 著　　　者：裴　斐
| 策划编辑：崔人杰
| 责任编辑：侯雪怡
| 复　　审：崔人杰
| 终　　审：梁晋华
| 装帧设计：陈　婷

出　版　者：山西出版传媒集团·山西人民出版社
地　　　址：太原市建设南路21号
邮　　　编：030012
发行营销：0351-4922220　4955996　4956039　4922127（传真）
天猫官网：https://sxrmcbs.tmall.com　电话：0351-4922159
E - mail：sxskcb@163.com　　发行部
　　　　　　sxskcb@126.com　　总编室
网　　　址：www.sxskcb.com
经　销　者：山西出版传媒集团·山西人民出版社
承　印　厂：山西出版传媒集团·山西人民印刷有限责任公司
开　　　本：890mm×1240mm　1/32
印　　　张：6.75
字　　　数：143千字
版　　　次：2024年7月　第1版
印　　　次：2024年9月　第2次印刷
书　　　号：ISBN 978-7-203-13473-2
定　　　价：58.00元

如有印装质量问题请与本社联系调换

裴斐先生（宫苏艺摄）

1954年北京大学毕业时摄

20世纪70年代当工人时摄于北京第二汽车制造厂

裴斐先生整理《李白资料汇编》

刘禹锡、孟郊呈。这首诗明之赠给《阆仙籍》，又明言指责"群儿"，可见是针对一群人，即当时围白、元、张在内的白派诗人。韩愈和张籍过从，四十字时便有诗文唱和，所以把诗写给他。

韩愈观点对后世影响颇大，如晚唐诗人杜牧诗"李杜泛浩浩之"，李商隐诗"李杜操持事略齐"，便都是李杜并举，鱼两轩轾。现实派诗人皮日休和杜荀鹤也是李杜并重，正似乎有点偏李。皮日休在《刘枣强碑文》中，滁滁尝至地评价过他对李白的景慕，在《七爱诗》中谈到李白时曰："惜哉千万年，此俊不可得。"杜荀鹤过李白墓也写怀不自禁地慨叹道："青天明月在，千古一诗人。"宋代最值得推崇扬抑的主流、反潮流的几大诗人在，如批宋

裴斐《李白十论》手稿（其一）

诗人固皆然。南宋苇名论家朱熹和严羽，便都是李杜并重论。现今大胆尖锐地谴责过李白的韩愈，"其浅夹随以如此，"但他对李白的诗没有贬词，同李杜并推崇，主张"作诗欲气李杜，如士人治本"。严羽更是明确主张："李杜正不可优劣；太白有一二妙处子美不能道，子美有一二妙处太白不能作。"他正从风格、体裁、题材、技巧等方面作造一系列比较分析比较。明清著名论家，如李东阳、王世贞、胡应麟、胡震亨等人，均主李杜美鲸轩轾、各有特色、各有所长；这种倾向实由宋入严羽始。比，持了同李杜照搞特点颁言睥倾。他们和严羽一样，讨论局限于风格、形式、技巧范围，极少涉及思想内容。浅州著名论家田子

《杜诗分期索读》讲稿

开篇絮语

我在最近发表的一篇论文中开始便说：

> 前人治杜之学，既是一份宝贵财产，又是一个沉重的包袱。且不说号称千家的注本，仅是散见于诸家别集、诗话以及丛书专著中的评论，就够你读的。读的时候多亏搜新猎奇想有得，一旦读过又难免邯郸失步之感。似乎天下的诗已被老杜写尽，杜诗好处已被前人说完。（《唐宋杜学四大观点述评》，载《杜甫研究学刊》1990年4期）

这其实是针对错把杜书书卷以及对前人观点束它束手的研究现状的反诘。事实上，天下的诗固然没有被老杜写尽，杜诗好处也决没有被前人说完。欧阳一生低首诗士比亚，他有

裴斐《杜诗分期研究》讲义手稿

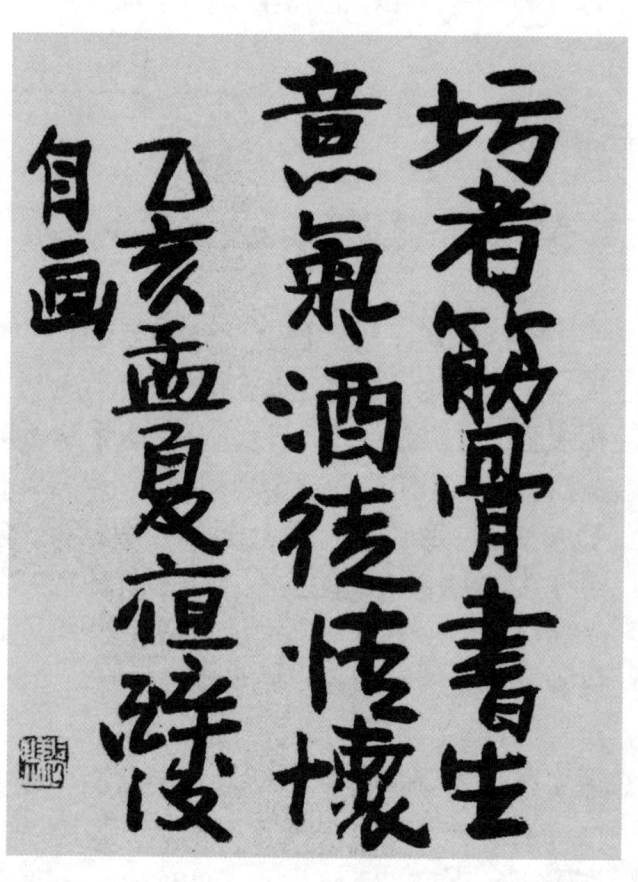

裴斐手迹

再版编辑说明

本书初版由四川人民出版社出版于1981年，2013年由人民文学出版社收入《裴斐文集》。此次再版尽量维持原貌，仅对版式及个别字词稍作调整，并订正若干残存谬误。再版校订书中所引李白诗文时，主要使用清乾隆王琦辑注《李太白全集》（中华书局1957年据《四部备要》王注原刻本排印版），并参各版《李集》及裴斐先生选注《李白选集》（收入《裴斐文集》卷六）。书中李白诗引文有异文处，若确可追索源流及出处，原则上不予修改，如《唐诗别裁集》版之《静夜思》。

书中所引诗歌，标题多有略写之处，或为版本之异，或为作者有意为之，且有若干为常见略称，如《万愤词》《百忧章》《庐山谣》。除略写易致混淆处，其余原则上不予补全。有时首次出现写全诗名，而后再提则略，不据前补；有时前提略名，后用全名，各有用意，亦不据补。

目录

题记 …………………………………… 001

历代李白评价述评 …………………… 001
李白经济生活探源 …………………… 031
李白供奉翰林小议 …………………… 039
论李白的隐逸 ………………………… 053
论李白的政治抒情诗 ………………… 075
从李白饮酒诗看诗人性格及其思想矛盾 …… 111
李白山水诗中的情与景 ……………… 120
论李白的游仙诗 ……………………… 132
李白诗歌中的另一个领域 …………… 148
论李白诗歌中的怀才不遇与人生若梦的主题 …… 166

题 记

  论文十篇，大率皆肤泛之作，或不失一得之功，因以成集，冀就教于同好也。

  集末一篇系五十年代旧作，当初在《文学遗产》发表时，该刊主编陈翔鹤先生以题目过长，由他做主改为《谈李白的诗歌》（载1955年该刊79、80两期）；今复原题，文字一仍其旧，以存历史本来面目。此外各篇均近年新作。

裴 斐　1981年3月
时寄寓北大蔚秀园

历代李白评价述评

中国文学史上二人齐名的现象颇常见——如屈宋、扬马、嵇阮、沈宋、王孟、元白等等，不胜枚举——无不是由于风格相近或属同一流派。唯独李白和杜甫，风格截然不同，却连得比谁都紧；历代论家评李必及杜，评杜必及李，几无例外。

李杜齐名在历史上起于何时？《旧唐书》载："天宝末诗人，（杜）甫与李白齐名"，不足信，那是刘昫上了元稹的当（他判李白为山东人亦由元稹传讹）。李白在世时已经名扬宇宙，以匹夫而动九重，诗名之盛远非杜甫所可比拟，李阳冰评李白"千载独步，惟公一人"①，未及杜甫；殷璠于天宝末选《河岳英灵集》未收杜诗，也是个证明。直到中唐，苦吟派诗人孟郊还说"天宝太白殁，六义已消歇"②，也还没有把杜甫放在眼里。过了不久，随着社会情况和文学潮流的变化，到了比孟郊年轻的白派诗人眼里，情况才发生变化。杜甫诗名显赫，肇自白派诗人的揄扬，一

---

① 〔唐〕李阳冰《草堂集序》。
② 孟郊《读张碧集》。

下子便凌驾李白之上。李杜齐名实际上是由抑李扬杜开始。

宋人每以元稹为抑李扬杜老祖宗，原因是他那篇《杜君墓系铭序》被五代人刘昫写进了堂堂正史。其实元稹背后还站着个更大的人物，便是白居易。白在《与元九书》中说："李之作才矣奇矣，人不逮矣。索其风雅比兴，十无一焉！杜诗最多，可传者千馀首；至于贯穿古今，觇缕格律，尽工尽善，又过于李。"所谓"风雅"指诗歌内容，"觇缕格律"指诗歌形式；白居易认为两方面李白均不如杜甫。元稹抑李扬杜侧重形式，认为李白乐府歌行尚可差肩于杜甫；至于在"铺陈终始，排比声韵""属对律切而脱弃凡近"方面，李连杜的藩篱也够不着，不用说登堂入室了。值得注意的是，他们在上述《书》和《序》中对屈原也不无贬抑，白居易说"泽畔之吟归于怨思""得风人之什二三"，元稹也说"骚人作而怨愤之态繁"；所谓"怨思""怨愤"都是贬辞。白派诗人一向把《诗经》当作自己的典范和衡量历代作品的楷模，而他们对《诗经》的理解则全由汉儒影响，如"干预教化"（元《序》）、"补察时政""泄导人情"（白《书》）之类——毫无创新。（当然，他们对《诗经》的这种迂腐理解同他们从《诗经》受到的实际影响并不相符。）他们从形式方面抑李扬杜也存在难以自圆其说的破绽。首先，被他们奉为圭臬的《诗经》——主要是《风》和《雅》——本身便是古代乐府诗，从形式上看，倒是擅长乐府歌行的李白离它近些，善于"觇缕格律"的杜甫离它远些；另一方面，"铺陈终始，排比声韵"也并非杜诗精华所在，后世元好问在《论诗》中说："排比铺张特一途，藩篱如此亦区区；少陵自有连城璧，争奈微之识碔砆。"这个批评颇中肯。再说，元稹所指杜诗特点"属对律切而脱弃凡近"，也并不符合白派诗人自己的主张和诗风。不过，话说回来，白派诗人的抑骚扬风和抑李扬杜又是很有见识的。我们现在称之为现实主义和浪漫主义的两种创作方法，是可以用来解释中国文学史上两种传统的；白派诗人已经感觉到两种传统的存在，并加以区分。虽然他们对《诗经》和杜甫的理解有偏差，但在关心民生疾苦、重视文学真实性和思想性这些重要方面，他们同《诗经》和杜甫的确有一脉相承的血缘关系。对于自己的祖师和前辈，理所当然地要极力颂扬。至于代表另一传统的屈原和李白，他们在别的场合也颂扬，但用自己的文学标准衡量，终嫌是旁门邪道。我们说元白有见识，指的便是这种门户偏见。

但是，单纯用门户偏见解释历史上的抑李扬杜，也行不通。元白固然是继承了《诗经》和杜甫传统的现实派诗人；可是还有许多别的现实派诗人，在李杜优劣问题上并不采取同样立场。例如晚唐诗人皮日休，可以说是个标准的现实派，其文学主张和白居易一脉相承，但他不惟不抑李，反而在李杜并重当中流露出明显的偏李。还可以从相反方面举例，如宋代大家苏轼，应当算是浪漫派，其诗词风格深受李诗濡染；然而他却卷入了北宋甚嚣尘上的诋李大合唱。皮日休的偏李和苏轼的诋李，显然都不是出于艺术风格的门户偏见。还有比艺术偏见更起作用的政治偏见。

历史上的抑李扬杜,主要在宋代。王安石编杜、韩、欧、李《四家诗》,将李白置于宋人欧阳修之后,这个奇怪次序引起过种种传说。据载王安石说过这种话:"白诗近俗,人易悦故也;白识见污下,十首九说妇人与酒。"① 或云:"太白词语迅快,无疏脱处;然其识污下,诗词十句九句言妇人酒耳。"② 寥寥数语,对李白的曲解姑置不论,倒是活现出说者头巾气十足的卫道家面目。陆游《老学庵笔记》尝疑其依托,非王安石本意。无论说者是谁,这种见解被当时各种诗话文评辗转引录,流传颇广,影响甚大;宋人诋李,此其滥觞。同时另一位大家苏轼的意见有点蹊跷,他说"李太白、杜子美以英玮绝世之姿凌跨百代"③,这是李杜并称;又说"古今诗人众矣,而杜子美为首"④,这可是独重杜甫了。他写的《李太白碑阴记》开头便说:"李太白,狂士也!又尝失节于永王璘,此岂济世之人哉!"旋又称李白使力士脱靴"气盖天下矣!"对李白"戏万乘若僚友,视俦列如草芥"大加赞赏。这种矛盾反映出苏轼自身的双重性:既是一个大诗人,又是一个终生从政的老官吏。他的亲密兄弟苏辙讲得更透彻:"李白诗类其为人:骏发豪放,华而不实,好事喜名,不知义理之所在也!"⑤ 对于李白从璘一节,他哥哥还曲为开脱,说是"当由胁

---

① 见〔宋〕胡仔《苕溪渔隐丛话》。
② 见〔宋〕释惠洪《冷斋夜话》。
③ 苏轼《书黄子思诗集后》。
④ 苏轼《王定国诗集叙》。
⑤ 苏辙《栾城三集》卷八《诗病五事》。

迫",他干脆说是"从之不疑,遂以放死",幸灾乐祸,溢于言表;下面接着说:"杜甫有好义之心,白所不及也。"证据是李白写过"但歌大风云飞扬,安用猛士守四方",对汉高祖太不尊敬,"其不识理如此!"可见,所谓义理,不外乎"君为臣纲"之类。南宋大家陆游的观点亦类苏轼。他在《读李杜诗》中对李杜并极推崇:"明窗数编在,长与物华新。"在《示子遹》中亦云:"数仞李杜墙,常恨欠领会。"可是在《老学庵笔记》中又说"白识度甚浅……世但以其辞豪俊动人故,不深考耳",也是从思想内容角度对李白有所贬抑。在当时许多诗话文评当中,抑李扬杜更成时尚,如北宋论家葛立方便认为:"杜甫诗唐朝以来一人而已,岂白所能望耶!"①南宋初有个"人品经济炳然史册"的大人物李纲,则认为杜甫诗"质胜文",李白诗"文而无质"②,可谓言简意赅。下面赵次公和罗大经的话,可视作李纲观点的阐明。赵次公曰:"李杜号诗人之雄,而白之诗多在于风月草木之间,神仙虚无之说,亦何补于教化哉!惟杜陵野老,负王佐之才,有意当世。"③罗大经说亦相类:"李太白当王室多难、海宇横溃之日,作为歌诗,不过豪侠使气,狂醉于花月之间耳!社稷苍生,曾不系其心膂;其视杜少陵之忧国忧民,岂可同年语哉!"④由上可

---

① 〔宋〕葛立方《韵语阳秋》。
② 〔宋〕李纲《书四家诗选后》。
③ 〔宋〕赵次公《杜工部草堂记》。
④ 〔宋〕罗大经《鹤林玉露》卷十八。

知,宋人抑李扬杜在"质"不在"文",他们总是极力诋毁李白的人格和作品内容。其实,别的暂且不讲,就说忧国忧民吧,李白于杜甫至少无逊色,他不但有作品,还有行动。可是人家不承认,你的作品是"豪侠使气"、你的行动是"从逆","亦何补于教化哉"!以儒为宗的教化,便是他们的政治标准。宋代封建士大夫经常是把政治标准当作衡量文学的首要标准,值得注意。但我们用另一种政治标准衡量,宋人的抑李扬杜恰好是抑杜扬李,这当然是他们始料未及的。

与抑李扬杜一派并行发展的,历史上还有主张李杜并重、不可轩轾一派,其始祖是和白派诗人同时的韩愈。白派诗人的抑李扬杜论刚出笼,便遭到韩愈的迅猛反击:"李杜文章在,光焰万丈长!不知群儿愚,那用故谤伤?蚍蜉撼大树,可笑不自量!"前人多以这番话为针对元稹,恐非是。此诗题《调张籍》,又指斥"群儿",可知针对一群人,即包括元、白、张在内的白派诗人无疑;诸人中,唯张籍以诗文与韩愈过从,故韩诗题作《调张籍》。

韩愈观点对后世影响颇大。杜牧说"李杜泛浩浩"、李商隐说"李杜操持事略齐,三才万象共端倪"[①]便都是并重。现实派著名诗人皮日休对李杜也是并极推崇,还似乎有些偏李,曾于《刘枣强碑文》中痛快淋漓地抒发过对李白的景慕,又《七爱诗》中评李云:"惜哉千万年,此俊不可得!"同时另一现实派名家杜

---

① 杜牧《冬至日寄小侄》,李商隐《漫成五章》其二。

荀鹤过李白墓时也曾感叹道："青山明月夜，千古一诗人！"[1]吴融亦云："国朝能为歌诗者不少，独李太白为称首。"[2]要言之：白派诗人的观点于晚唐了无影响，倒是韩愈的观点很有影响；至于有人偏重李白或独重李白，则系沿袭白、韩之前的传统观点。宋代虽说是抑李扬杜极盛，却也有反潮流者，其中最值得注意的是南宋著名论家朱熹和严羽。"理学大师"朱熹谴责过李白从璘"没头脑至于如此"[3]，但主张"作诗先用看李杜，如士人治本经"[4]，于李白不惟无贬辞，还认为"李太白诗非无法度，乃从容于法度之中，盖圣于诗者也"[5]，比较苏轼所谓"李白诗飘逸绝尘而伤于易"[6]，他的见解更高明一些；后世杨慎、屈大均称李白为"诗圣"，盖由此发明。严羽更是个对诗歌形象思维具有真知卓识的杰出论家，他标举盛唐、推尊李杜："诗之极致有一曰入神，诗而入神，至矣尽矣，蔑以加矣；惟李杜得之，他人得之盖寡也。"[7]明确主张"李杜二公正不当优劣，太白有一二妙处子美不能道，子美有一二妙处太白不能作"[8]，并作过许多具体

---

[1] 杜荀鹤《经谢公青山吊李翰林》。
[2] 〔唐〕吴融《禅月集序》。
[3] 见《鹤林玉露》卷十八。
[4] 《朱子语类》卷一百四十。
[5] 同上。
[6] 苏轼《书学太白诗》。
[7] 〔宋〕严羽《沧浪诗话》。
[8] 同上。

的分析比较，对明清论家启发很大。惟其论诗独重艺术，于思想内容绝少涉及；这个弱点也影响了后世。金元之际李俊民、元好问，元代方回、赵孟頫、马祖常、宋无、范德机，明代宋濂、高启、李东阳，清代钱谦益、吴伟业、郑日奎、宋琬、魏裔介、缪曰芑等人，于李杜均极推崇，无所优劣。值得介绍的是明代有几位重视唐诗研究的诗话作者，他们受严羽启发，主张李杜各有所长，未可轩轾。如著名论家王世贞云："太白以气为主，以自然为宗，以俊逸高畅为贵；子美以意为主，以独造为宗，以奇拔沉雄为贵。"① "五言律、七言歌行子美神矣，七言律圣矣；五七言绝太白神矣，七言歌行圣矣。"② "太白笔力变化极于歌行，少陵笔力变化极于近体。"③ 同时另一位论家胡应麟云："才超一代者李也，体兼一代者杜也。李如星悬日揭，照耀太虚；杜若地负海涵，包罗万汇。李惟超出一代，故高华莫并，色相难求；杜惟兼综一代，故利钝杂陈、巨细咸蓄。李才高气逸而调雄；杜体大思精而格浑。超出唐人而不离唐人者，李也；不尽唐调而兼得唐调者，杜也。"④ 这些议论虽然局限于风格、体裁、技巧范围，绝少涉及思想内容，论点也并不完全中肯，但比起前人的笼统评价来，确实进了一步，对于我们了解李杜的各自特色有所启发。清

---

① 〔明〕王世贞《艺苑卮言》。

② 同上。

③ 同上。（编者注：此据《李太白全集》所收"丛说"。实出胡应麟《诗薮》。）

④ 〔明〕胡应麟《诗薮》。

代论家王士禛、沈德潜、袁枚诸人因各树一帜、另有标榜，于李杜议论不多。

除了以上所说抑李扬杜和李杜并重两派以外，历史上还有扬李抑杜一派。王世贞曰："近时杨用修为李左袒，轻俊之士往往传耳。"①以为扬李抑杜自杨慎始，不确。远在北宋初年，徐积在《李太白杂言》里便说："盖自有诗人以来我未尝见。大泽深山、雪霜冰霰，晨霞夕霏，万化千变，雷轰电掣、花葩玉洁，青天白云、秋江晓月；有如此之人，有如此之诗！屈生何悴，宋玉何悲，贾生何戚，相如何疲；人生胡用自缧绁，当须荦荦不可羁；乃知公是真英物，万叠秋山耸清骨！当时杜甫亦能诗，恰如老骥追霜鹘！"《四库全书简明目录》评徐："积好为坚苦卓绝之行，不甚合中道，其文亦奇谲恣肆，不主故常。"可见此公和李白有相通处。正因为"不甚合中道"，他的上述见解在北宋文人中并未引起注意。元代既没有抑李扬杜论，也没有扬李抑杜论，可是却有人于并重李杜中流露出对李的偏爱。清人宋荦《元诗选序》谓"宋诗多沉僿，近少陵；元诗多轻扬，近太白"，多少有点道理。元代诗人当中，如刘秉忠、萨都剌、周权、宋褧、白珽、王恽诸人，便都对李白崇高评价而未及杜甫。这种倾向到明代有了进一步发展，刘基、张以宁、舒逊、詹同、徐贲、王彝、方孝孺、高棅、沈周、杨慎、陆深、王宠、宗臣、王叔承、王穉登、李贽以及杂剧作家邱濬、梁辰鱼等，便都在不同程度上偏重李

---

① 王世贞《艺苑卮言》。

白,并有人提出明确的扬李抑杜论。如果说宋代是抑李扬杜盛行的时代,明代便是扬李抑杜盛行的时代。不过,从下面的举例即可看出:明人的扬李抑杜不像宋人的抑李扬杜那样给人鲜明印象,原因是明人评价文学的标准和宋人不同,不是重政治,而是重艺术,因此他们的抑杜便不可能像宋人的抑李那样达到诋毁程度。明初可以方孝孺的评价为例:"泰山高兮高可夷,沧海深兮深可涸,惟有李白天才夺造化,世人孰得窥其作?我言李白古无双,至今采石生辉光!"①也曾将杜甫与李白并提:"举世皆宗李杜诗,不知李杜又宗谁?"②仅此一例;他生平写过许多歌咏李白的诗文,对李白纵横豪放的天才和人格推崇备至,却未涉及杜甫,也未写过单独歌咏杜甫的诗文。明中叶著名学者杨慎也是偏爱李白的人,尝称"李太白为古今诗圣"③"公之诗歌泣鬼神而冠古今矣"④;于李杜优劣持论不一,一会儿说:"韩退之曰'李杜文章在,光焰万丈长',信哉!"⑤此系并重;一会儿又说:"今人谓李杜不可以优劣,此语亦太愦愦!"⑥则又主张李优杜劣。晚明李白崇拜者中可以王穉登为例,尝云:"予生平敬慕青莲,愿

---

① 〔明〕方孝孺《吊李白》。
② 方孝孺《谈诗》。
③ 〔明〕杨慎《周受庵诗选序》。
④ 杨慎《李太白诗题辞》。
⑤ 杨慎《升庵外集》。
⑥ 同上。

为执鞭而不可得！窃谓李能兼杜，杜不能兼李。"①他公开为李白从璘辩护，认为李白从璘比之杜甫流离秦陇、王维陷敌获免更要光明磊落；显然针对宋人诋李而发。和王穉登同时的杰出思想家李贽，在《李白诗题辞》中也曾充分表达过他对李白的特殊尊崇。明末清初著名诗人屈大均也是抑杜伸李的代表，曾称颂李白曰："千载人称诗圣好，风流长在少陵前。"②屈尝以屈原后代自诩，称颂李白也和他先人联系："乐府篇篇是楚辞，湘累之后汝为师。"③又周在浚《送屈翁山返岭南》诗有"先生奇绝处，直似李青莲"句，注云"遇翁山如遇太白"，由此可见屈对李仰慕之情状。晚清龚自珍平生酷嗜《庄子》《离骚》，于李白则云："庄屈实二，不可以并，并之以为心，自白始。"④其思想性格和作品均深受李白影响。值得注意的是，李白崇拜者中间做大官的很少，即如以上例举的几个代表人物，方孝孺和杨慎固然是有名的文臣，可并非掌权的显宦；王穉登是个国子监诸生；李贽只做过州佐县吏；屈大均终生不仕，并曾削发为僧；龚自珍则一生困厄下僚，暴卒书院。更值得注意的是，这些人大都身世不幸，并且有很强的反抗精神：方孝孺之尽忠建文不足称道，但他敢于反抗永乐，以至身殉，被夷十族，在封建士大夫中间应算是个有节概

---

① 〔明〕王穉登《李翰林分体全集序》。
② 〔清〕屈大均《采石题太白祠》其一。
③ 屈大均《采石题太白祠》其四。
④ 〔清〕龚自珍《最录李白集》。

的人；杨慎以直谏犯上，远谪云南至死；李贽被目为"异端"，屡受迫害，死于狱中；屈大均入清不仕，大气凛然，并曾亲身参与反清起义；龚自珍冲破封建传统，积极要求变革，不愧为近代资产阶级启蒙思想先驱。

以上将历代李杜优劣论整理出一个梗概，首先是为澄清历史。近世论家每以元稹抑李扬杜论为"封建时代的定论"，实情远非如此，要错综复杂得多！对李杜优劣持论不一，一般说来，因时代而异，因人而异。不同时代不同的人对李杜持论不一，有助于我们了解李杜在思想和艺术方面的差异；关于这种差异，本文后面将要进一步分析。不过，我们回顾李杜优劣争论的历史，主要兴趣不在争论本身，而在争论当中表现出来的一致性。

前人论李白，无论抑李扬李，均好用一个"奇"字，如"奇之又奇"（殷璠）、"才大语终奇"（钱起）、"才矣奇矣"（白居易）、"以奇文取称"（元稹）等等；又如皮日休说他"言出天地外，思出鬼神表，读之则神驰八极，测之则心怀四溟"[1]，徐积说他"不知何物为形容，何物为心胸，何物为五脏，何物为喉咙"[2]，类似描写，在历代歌咏李白的诗文当中多得不胜枚举，均无不突出一个"奇"字。奇，不同凡响，首先是指他那出类拔萃的艺术天才。"天才"一词在我国古代文艺批评中不多见，可

---

[1] 〔唐〕皮日休《刘枣强碑》。
[2] 〔宋〕徐积《李太白杂言》。

是李白从唐代开始便享有天才的声誉。据五代王仁裕《开元天宝遗事》载"李白有天才俊逸之誉"。宋人叶廷珪《海录碎事》亦称"唐人以李白为天才绝";后世沿袭此说,如严羽《沧浪诗话》称"太白天才豪逸",傅若金《清江集》称"太白天才放逸",宋褧《太白酒楼》称李"天才气凌云",方孝孺《吊李白》称"惟有李白天才夺造化",高棅《唐诗品汇》称"李翰林天才纵逸",等等。需要说明的是,我国古人所谓"天才",并非近代欧洲文艺批评中习用的那样只是一种空泛的评价,还包含着对作家才能的具体认识。徐而庵《说唐诗》云"吾于天才得李太白,于地才得杜子美",王穉登《李翰林分体全集序》云"李盖天授,杜由人力"。其中固然不无褒贬,但主要用意还在说明李杜艺术才能的不同性质;这种不同性质,不妨用抑李扬杜的代表人物罗大经的话来解释:"李太白一斗百篇,援笔立成;杜子美改罢长吟,一字不苟。"[1]杜甫说李白"一斗诗百篇"[2]"敏捷诗千首"[3],皮日休说李白"醉中草乐府,十幅笔一息"[4],释贯休说李白"御宴千钟饮,蕃书一笔成"[5],王安石也承认"李白诗词迅快,无疏脱处"[6],陆游也说他"饮似长鲸快吸川,思如渴骥勇奔

---

[1]《鹤林玉露》卷六。
[2] 杜甫《饮中八仙歌》。
[3] 杜甫《不见》。
[4] 皮日休《七爱诗》。
[5]〔唐〕释贯休《观李翰林真》。
[6]〔宋〕释惠洪《冷斋夜话》。

泉"[1],都是称赞李白的才思敏捷。但不止于此,杜甫还说他"笔落惊风雨,诗成泣鬼神"[2],皮日休还说他"言出天地外,思出鬼神表"[3],释贯休还说他"仙笔驱造化"[4],胡应麟也说他的作品"出鬼入神,惝恍莫测"[5];可见前人称李白为"天才",除了指他的才思敏捷外,还指他的作品具有力敌造化的艺术感染力量。这不仅是一种崇高评价,还包含着对他的艺术个性的认识。从杜甫开始,历代评价李白的人无不对他的非凡天才拍案叫绝,惊叹不已。即使是对李白贬抑至极的宋人,也还是说他"才高而识卑"(据传这句话是王安石讲的,见元人祝尧编《古赋辩体》)。才高,还是他们承认的(一般说来,宋人贬抑李白的思想,并不贬抑他的艺术)。我们所说的一致性,此其一也。

　　李白有个著名诨号"谪仙",是天宝初年进京时贺知章当面奉送的,他自己也曾以此自称"青莲居士谪仙人"[6]"大隐金门是谪仙"[7]。这个诨号当他在世时便叫得很响,身后又伴随他的诗名千古流传,简直成了他的专用桂冠。"仙"已是奇了,前面又加个"谪"字,这就更奇!为此李东阳饶有风趣地问道:"纵

---

[1] 陆游《吊李翰林墓诗》。
[2] 杜甫《寄李十二白》。
[3] 皮日休《刘枣强碑》。
[4] 释贯休《古意》其八。
[5] 胡应麟《诗薮》。
[6] 李白《答湖州迦叶司马问白是何人》。
[7] 李白《玉壶吟》。

有神仙亦妒才,不然岂谪来中土?"①李白还自称"狂人",别人更是这样看他。中国文学史上称"狂"的诗人并不少,特别是盛唐时期,诗人都喜欢以"狂"自诩,连杜甫有时也未能免。可是,谁也不像李白那样经常地被人称道,如"不见李生久,佯狂真可哀"②"载酒五湖狂到死,只今天地不能藏"③"一来金马玉堂中,诗酒猖狂天子客"④"当年狂客心偏恋,近代风人谁与俦"⑤"先生本非狂,古之天人也"⑥。"谪仙"和"狂",都很能够说明李白傲世独立和跌宕不羁的独特性格;这种性格和他既豪放又飘逸的创作风格又是完全一致的。"谪仙"的诨号突出一个"逸"字,"狂"则突出一个"豪"字。豪和逸,实在是历代论家对李白创作风格的一致定评!即使王安石也还称赞李白诗"豪放飘逸"⑦,李纲则称李白诗"豪迈清逸"⑧,都是肯定的评价。我们所说的一致性,此其二也。

李白颠沛流离的生平,同他的天才、性格和谐一致,亦颇富传奇色彩,引起过历代人的广泛兴趣。比如说,李白以诗著名召

---

① 〔明〕李东阳《采石登谪仙楼》。
② 杜甫《不见》。
③ 〔宋〕晁补之《采石李白墓》。
④ 〔元〕周权《谪仙楼》。
⑤ 〔明〕陆深《登太白楼》。
⑥ 〔清〕汪琬《济宁太白楼诗》。
⑦ 〔宋〕胡仔《苕溪渔隐丛话》。
⑧ 李纲《读四家诗序》。

入翰林，这种事在历史上是空前的。司马相如因《子虚赋》受汉武帝征召，但那并非他的最初入仕，情形也远不如李白"神气"。唐玄宗接待李白是"降辇步迎"，"以七宝床赐食，御手调羹"。诸如此类的"荣遇"，在封建社会历代为人称道；至于清代，当有人谈到尤侗之受康熙殊宠时，也还是说："圣祖称为老名士，位虽不尊，天下羡其荣遇比于李青莲云。"[1]但李白最为历代人称道的，还是"气吞高力士，眼识郭汾阳"[2]这两件事。北宋以还，历代歌咏这两件事，特别是歌咏李白令高力士脱靴一事的诗文，真不知有多少！不但有诗，还有画，还有小说和戏曲；即如以李白为"有文无质"的李纲，也曾经赞叹过："谪仙英豪盖一世，醉使力士如使奴！"[3]不过，这里不妨附带说一下：这两个脍炙人口的故事，其实是"事出有因，查无实据"的。李白令高力士脱靴盖出唐人撰《松窗杂录》《国史补》《酉阳杂俎》等诸家稗说，后《旧唐书》《新唐书》亦载；李白与郭子仪互救最早见于晚唐裴敬撰《翰林学士李公墓碑》，后《新唐书》亦载。这两件事，出处既早，又载正史，历代人深信不疑，直到解放以后研究家们也当史实引用；可是笔者从不相信是史实，只当历史传说看。李白这个人，既骄傲又天真，重要生平行事无不写入诗文，可是他从未谈到这两件事。关于两年翰林生活，无论受宠还是遭谗，在

---

[1]〔清〕沈德潜《清诗别裁集》。
[2]〔明〕舒逊《李谪仙》。
[3]李纲《读李白集戏用奴字韵》。

他去京以后所写《玉壶吟》《赠从弟洌》《行路难》《鸣皋歌送岑征君》《答高山人》《答王十二寒夜独酌有怀》《鞠歌行》《梁甫吟》《书情赠蔡舍人雄》《赠溧阳宋少府陟》等一系列诗中，作过许多生动描写，并对包括唐玄宗在内的最高统治集团进行了猛烈抨击，却没有提到令高力士脱靴一事；如果有其事，满可引以为荣，李白是不会不提的。退一步讲，即使当时慑于高力士的权势，安史乱后便不应再有顾忌，可是李白到死也从未提起过这件"大事"。至于李白与郭子仪互救的故事，当然也是一件"大事"，如果有其事，李白入狱和流放前后向人陈情时便不会不讲。这期间他写过许多长篇诗文，如《为宋中丞自荐表》《赠张相镐》《赠从弟南平太守之遥》《书怀赠江夏韦太守良宰》等，于生平行事叙述甚详，却既未提到他救郭子仪，也没提到郭子仪救他。所谓"气吞高力士，眼识郭汾阳"，不但李白自己不讲，熟知他、并有意用诗文为他作传的杜甫、魏颢、李阳冰也不讲；如果有其事，至少这三人是一定会讲的。这就充分证明力士脱靴和李郭互救绝非真事，乃是好事者杜撰。另一方面还应该看到，事情本身虽然查无实据，但它广泛流传却事出有因。晚唐诗人有许多歌咏李白的诗文，谁也没有提过当时说部稗史当中记载的这两件事，可见他们并不相信。到了北宋，由于《旧唐书》《新唐书》相继行世，有了正史做依据，于是这两个故事开始在歌咏李白的诗文当中广泛流传，谁也不肯深究，小说轶闻竟成为世所公认的史实。不肯深究，正是这点值得我们深究。应当说，历代尊崇李白的诗人、学者都不是粗心大意的人，他们并不轻信正史。举例说，北宋曾巩在为李白集作序时便指出过《旧唐书》称李白为山东人、将李白入永王幕府地点判为宣城以及《新唐书》将李白入狱与流放先后颠倒，"皆不合白之自叙，盖史误也"。后杨慎、王琦等人也纠正过《旧唐书》记载的舛讹，唯独对力士脱靴和李郭互救这两件事，明明从李白、杜甫、魏颢、李阳冰等人叙述中都找不出依据，却谁也不怀疑，都抱着宁信其有不信其无的态度，这是颇可玩味的。令力士脱靴未必确有其事，但李白的蔑视权贵是举世共知的，而且他确曾在去朝以后写的大量诗文当中表示过对"中贵""贱臣""佞臣"以及秽乱宫廷的斗鸡、蹴鞠之徒的轻蔑和愤恨，并且屡次指出自己的去朝正是由于这些像青蝇一样的宫廷权贵的谗毁；把高力士这样一个烜赫一时的大宦官当成这些宫廷权贵的总代表，让李白命他脱靴，的确是一个既符合李白性格又符合历代人普遍心愿的绝妙创造！至于李白与郭子仪互救传说历代流传，则出于人们对李白晚年不幸身世的同情。李白于安史之乱爆发次年参加永王李璘军队，纯出平定安史、恢复中原的爱国热忱，可由他在永王幕中写的诗歌充分证明。由于皇室正统思想和"成者王、败者寇"的逻辑作怪，历代封建士大夫都把李白从璘看成是他历史上一大污点，杜甫说"世人皆欲杀，吾意独怜才"，指的便是这件事。怜才的并不止杜甫一个。编造、流传李郭互救故事，便是搬出郭子仪这个中兴名将来为李白从璘开脱。例如苏轼便说："太白之从永王璘当由迫胁，不然，璘之狂肆寝陋虽庸人知其必败也，太白识郭子仪之为人杰而不能知璘之无成，此理之必不然者也；吾不可以不辩。"①明清诗人更进一步据此为李白评功摆好，如詹同便说他"最是有功唐社稷，眼中先识郭汾阳"②，方孝孺也说"天宝之乱唐已亡，中兴幸有汾阳王。……凌烟功臣世争羡，李侯先识英雄面"③，屈大均也说李白"功名自可比汾阳"④。除上述两个传说外，历史上还流传过关于李白酒醉下水捉月、骑鲸升天的传说，如周紫芝诗："少陵诗瘦平生苦，太白才高一醉间；捉得江心波底月，却归天上玉京仙。"⑤尤袤诗："呜呼谪仙，一世之英；乘云御风，捉月骑鲸。"⑥可见此说在南宋初年已开始流行，后世诗人李俊民、王彝、邱濬、李东阳、宗臣、屈大均、施闰章等均曾歌咏过。传说来源，一是对杜甫《梦李白》中所说"水深波浪阔，无使蛟龙得"的误解，一是五代王定保《唐摭言》的记载（又韩愈《题杜子美坟》亦载此说，但此文韩集不存，前人已疑伪托）。其实，李白病死当涂有李阳冰、范传正等人序文可为确证，历代歌咏李白的人不会不知道。可是，对李白来说，病死未免太平凡！因此他们宁信无稽的传说，不信可靠的史实。上面所说的三个传说故事，表明历代人有意给李白生平渲染上传奇色彩。传说本身固不可信，却符合李

---

① 苏轼《李太白碑阴记》。
② 〔明〕詹同《李白醉饮图》。
③ 方孝孺《题李太白观瀑图》。
④ 屈大均《采石题太白祠》其二。
⑤ 〔宋〕周紫芝《李太白画像》其二。
⑥ 〔宋〕尤袤《李白墓》。

白的思想性格，因此从文学创作角度看是合理的；李白既是浪漫主义大家，后代诗人用同样手法对待他，应当说是很公平的。即使不加渲染，李白真实的生平也是很不平凡的。苏轼在歌咏杜甫的诗中感叹过"诗人例穷苦，天意遣奔逃"①，其实李白的经历比杜甫更曲折。从杜甫开始，历代诗人因同情李白偃蹇坎坷、穷悴终生的不幸身世写下了无数感人肺腑的诗篇。有趣的是，其中最动人的一篇恰恰是抑李扬杜的老祖宗白居易写的《李白墓》：

> 采石江边李白坟，绕田无限草连云。可怜荒垄穷泉骨，曾有惊天动地文。但是诗人多薄命，就中沦落不过君！

短短六句，令人读之欲泣。我们所说的一致性，此其三也。

非凡的天才、非凡的性格、非凡的遭遇，这便是历代诗人、论家对李白的一致评价。但是，任何非凡的天才、性格和个人遭遇，只有当它和社会生活发生血肉联系时，才具有意义。恰恰在这个关键上，历代评论者对李白表现出令人惊讶的误解。《旧唐书·文苑列传》所记李白事迹舛讹百出，屡经后人指出，但它对李白的评语"飘然有超世之心"却因符合元稹、白居易、韩愈、皮日休等人的看法，又对后世产生了深远影响，竟成了历代评李者公认的定论。北宋曾巩是高度评价李白的人，其所撰李集序文驳正过新旧《唐书》的讹误，却同意刘昫对李白的总评："旧史

---

① 苏轼《次韵张安道读杜诗》。

称白有逸才、志气宏放、飘然有超世之心，余以为实录；而新书不著其语，故录之使览者得详焉。"所谓"实录"，实为对李白的最大歪曲！曾巩非但同意，还唯恐谬种流传不广！王安石、苏辙、赵次公、罗大经诸人对李白进行了一系列诽谤性攻讦，其论据也无非是说他的诗缺乏社会内容，与刘昫谓"飘然有超世之心"如出一辙。明清杨慎、王穉登、王琦诸人力驳宋人诋訾，但他们也未曾从社会生活角度对李白诗的思想内容做出正确解释。不惟如此，若将他们反驳宋人的话仔细玩味，便不难发现二者有异曲同工之妙！兹举王琦驳罗大经的话为例：

> 诗者，性情之所寄。性情不能无偏，或偏于多乐，或偏于多忧，本自不同。况少陵奔走陇蜀僻远之地，频遭丧乱，困顿流离，妻子不免饥寒；太白往来吴楚安富之壤，所至郊迎而致礼者非二千石则百里宰，乐饮赋诗无间日夕，其境遇又异。兼之少陵爵禄曾列于朝，出入曾诏于国，白头幕府，职授郎官；太白则白衣供奉，未沾一命，逍遥人外，蝉蜕尘埃。一以国事为忧，一以自适为乐，又事理之各殊者；奈何欲比而同之，而以是为优劣耶？（《李太白文集跋》）

可见他和罗大经一样认为李白没有杜甫的忧国忧民之心，只是不主张以此为优劣罢了。罗大经毁李"社稷苍生，曾不系其心膂"，王琦誉李"逍遥人外，蝉蜕尘埃"；毁誉之间，究难区分。

如前所述，历代论家对李白异彩照人的鲜明个性作出了许多非常精彩的描绘,诸如他那驱驰造化、咳吐天然、出鬼入神、惝恍莫测的艺术力量,他那斗酒百篇、十幅一息、规矩在手、自运方圆的才情,他那壮浪纵恣、豪放飘逸的风格,他那雄节迈伦、高气盖世、天子不能屈、四海不足容的性格和人品,他那游戏万乘、笑傲王侯、周流宇宙、穷悴终生的坎坷经历,等等;这些充满力量的描绘所显示的诗人形象不但完全符合我们现代习用的浪漫主义概念,还使人感到这种浪漫主义性格唯独中国有,而且只有一个李白。也就是说,李白诗歌本身具有的鲜明个性和震撼人心的艺术力量是被历代论家感觉到了的。但是,尽管如此,尽管历代论家都对李白高度评价,却总使人感到他们的评价有些轻飘,甚至有些虚伪,其根本原因便在于他们对李白个性所由生长的社会土壤茫然无知。除前面我们已加评述的大量事实外,还可举出宋人孙觌的见解为证:"李太白周览四海,名山大川、一泉之旁、一山之阻、神林鬼冢、魑魅之穴、猿狖所家、鱼龙所宫,往往游焉,故其诗疏宕有奇气。"①认为李白诗歌的个性特色是自然景物长期陶冶的结果;这种似是而非的见解不但在历史上有一定代表性,近世有些研究者也有类似说法。老实说,我从不相信名山大川之类能对李白个性形成起多大作用,倒是认为李白个性鲜明的诗篇使许多山川景物染上了奇异的色彩。见过庐山瀑布的人很多,歌咏过它的人也不少,可是李白歌咏庐山瀑布的诗篇只有李白能写出来。李白个性形成不能从自然界找原因,只能从社

---

① 〔宋〕孙觌《送删定任归南安序》。

会和社会历史中找原因。历代评价李白的人正因为无视李白同社会生活的紧密联系，无视他的作品的深刻社会内容，所以他们对李白个性只能加以描绘，却无法加以正确说明！一千多年，谁也没有越过这个局限。不是不想越过，而是无法越过。对封建士大夫阶层来说，了解李白实在要比了解杜甫困难得多。

上面做了三件事：将历代对李白的评价整理出了一条线索；从彼此对立的观点中找出一致性；根据这种一致性对历代李白评价做出总的评价，指出其根本缺陷在于忽视李白诗的社会内容。现在还剩下一个问题：为什么会出现这个致命的缺陷？答曰：有思想意识即立场方面的原因，也有思想方法即认识水平的原因。下面分别加以说明，并涉及一些近世研究情况和我自己对李白的看法。

一、我对历史上李杜优劣争论的看法：在总的评价上我同意韩愈，即认为李杜都是光焰千古的伟大诗人；在艺术评价方面我同意严羽、王世贞、胡应麟等人关于李杜各有特色、各有所长的观点，只是觉得他们没有把问题讲透；在思想评价方面我和宋代诋李者相反，认为不是杜优李劣，而是李优杜劣。在我看来，杜甫既是个杰出的写出过"一代国史"的大诗人，又是个最平凡不过的"奉儒守职"的小官吏。他那些伤心忧时和鞭挞弊政的诗篇对统治阶级每有"美刺"和"讽谏"，但一般并不超出封建地主阶级"温柔敦厚"和"干预教化"的诗教，至于他为历代人最称道的"忠君忧国""忠义气节""孤忠"和名句"每饭不忘君"

等，则更与封建伦理相符；所以李纲说他"作诗千万篇，一一干教化"①，赵次公说他"至其出处，每与孔孟合"②，这正是他被历代封建士大夫奉为"诗史""诗圣""诗学宗师"，他的作品被名公巨儒谱序注释以至"号称千家"的一个重要原因。李白的思想可超出了以儒为宗的封建士大夫所能接受的范围。他和杜甫一样有强烈的政治抱负，但他不考科举，不求小官，而是要"申管晏之谈，谋帝王之术"③，即像先秦策士那样一举而致卿相；这种在封建社会初期曾经是现实的从政道路，到了封建社会已经完全巩固的时期便显得荒唐可笑了，因此李白的从政不但比"白首郎官"的杜甫失败得更惨，而且他的政治抱负在当时和后代都从不被人理解。李白虽然也终生眷念朝廷，"一生欲报主，百代期荣亲"④，但在他心中的君臣关系是一种平等的主客关系，而不是主奴关系，他不但屡以历史上著名的谋臣、策士自比，甚至在被谗去朝时还借商山四皓与汉高祖故事以谴责唐玄宗的轻士⑤，后又借严子陵与汉光武故事而反用其义以表示他对唐玄宗的失望："彼希客星隐，弱植不足援！"⑥这种对当朝皇帝的大胆抨击在历史上殊属罕见，既超出"讽谏"，也超出"怨悱"范围。李

---

① 李纲《读四家诗选》其一。
② 赵次公《杜工部草堂记》。
③ 李白《代寿山答孟少府移文书》。
④ 李白《赠张相镐》其一。
⑤ 见李白《东武吟》。
⑥ 李白《书情赠蔡舍人雄》。

白"济苍生""安社稷""兼济天下"的思想固然渊源于儒家,但他却看不起儒生[①],经常对一些儒家信条表示轻蔑和怀疑,甚至自比楚狂接舆拿儒家圣人开玩笑[②]。以上所举三点,说明李白思想在士大夫阶层中间很带点反叛性,这正是他在封建社会长期不被正确了解的一个重要原因。这里顺便提一下:胡适和解放前在学术上受他影响的一些文学史家,也是竭力把李白说成脱离社会的"山林隐士""出世之士",还有人给李白加上些摩登头衔,如"极端个人主义者""颓丧派大师";更有甚者,有人还认为李白是"罪犯",并"考证"出系由先天遗传所致。这些不值一驳的无稽之谈却有一个用处,便是使我们又一次认识到近代中国资产阶级的思想贫乏和软弱。

二、李白和杜甫无疑是中国文学史上两种创作方法的典型代表,他们的创作不仅完全符合两种方法的普遍规律,还可以丰富我们对普遍规律的认识。前人所说"太白神于诗,少陵工于诗""李豪放而才由天授,杜混茫而性由学成""太白笔力变化极于歌行,少陵笔力变化极于近体"等等,从不同角度阐明了李杜创作的各自特征。但是,李杜创作特征的最根本区别,简单讲来,乃在对待主、客观的不同态度;用王国维的话说,李白属于"主观诗人",杜甫属于"客观诗人"。杜甫擅长客观描写,代表作品是叙事诗,他的抒情诗也带有客观色彩;李白擅长自我抒情,绝大

[①] 见李白《嘲鲁儒》《行行且游猎篇》《赠何七判官昌浩》诸诗。

[②] 见李白《庐山谣》。

部分作品是抒情诗,他的叙事诗也带有主观色彩。杜甫诗的社会内容是通过一幅幅真实生动的社会生活画面直接呈现的,因此容易被人认识;李白诗歌形象主要是诗人自己,而不是客观的社会生活,因此它的社会内容不容易被人认识。要正确了解李白,就必须在全面了解他的生平思想和社会背景的基础上,对他的个人抒情进行深入分析;对于缺乏正确的历史观和美学观的历代论家来说,要做到这点的确很困难。解放以后研究者们开始重视李白诗的社会内容,这是很自然的。但在一部分研究者中间存在忽视李白创作特点的倾向,他们是用研究杜甫的办法研究李白。例如谭丕模教授和罗根泽教授的论文便有这种倾向。谭丕模举出李白一些谈到国家人民的诗句,据以结论:"我们以为李白的诗,有一部分是在集中表现抨击暴君、热爱人民、热爱祖国这三个主题上"[1];对于李白诗的更大部分如何评价?回答是"想象力丰富""风格自然""语言有形象性、音乐性",即只谈艺术,不谈思想。罗根泽也是从李白诗中摘引若干诗句,来证明李白有"爱祖国爱人民的一面"[2]。据作者说这一面还是在安史之乱以后才表现出来的,"李白面对着血淋淋的悲惨现象,个人主义的错误的享乐思想被驱走了"。对于李白更大的"一面"如何评价?作者虽未

---

[1] 谭丕模《李白诗歌中的现实主义的精神》,载《文史哲》,1954年第12期。

[2] 罗根泽《李白爱祖国爱人民的一面》,载《中国古典文学论集》,五十年代出版社1955年版。

正面回答，但他的话里已经透露出看法。谭、罗二位教授都指责前人对李白的曲解，其实他们的观点离前人并不远，和前人一样对李白诗的个人抒情的特点缺乏正确理解，因此只能肯定李白的"一部分""一面"。李白也有一些直接描写社会生活的叙事诗：安史乱前有不少描写百姓苦于征役的反战诗，安史乱中又有不少描写战乱景象的诗；此外，在他揭露政治黑暗和宫廷腐败的许多诗篇当中，有一些描写中贵和斗鸡蹴鞠之徒的篇什是可以当作叙事诗读的；他还有为数不多、但很值得注意的描写劳动人民生活的诗篇。但是，这些诗毕竟不能代表李白，把这些诗加在一起也不到他全部作品的十分之一。李白既是以抒情擅长的浪漫主义诗人，如果不了解他的个人抒情所包含的深刻社会内容，要对他做出正确评价是不可能的。

三、李白生平思想本身存在的复杂性，也是他在历史上不被正确了解的一个重要原因。例如《旧唐书》称李白"飘然有超世之心"，便很难说它没根据，因为李白确实说过"心在期隐沦"①；不过加以反驳也容易，因为李白还说过"托意在经济"②。又如有人称李白为迷信神仙的道教徒，也未尝无据，李白自己承认"十五游神仙，仙游未曾歇"③；不过我们也可以举

---

① 李白《酬王补阙》。
② 李白《读诸葛武侯传书怀赠崔少府叔封昆季》。
③ 李白《感兴》其五。

李白的话反驳："贤圣既已饮，何必求神仙。"①要之，李白对于入世、退隐、游仙的态度是反复无常、充满矛盾的，反映在他对历史人物尧、舜、孔丘以及巢、由、夷、齐等人的看法上，也是时褒时贬，殊无定则。正由于李白思想本身存在这种矛盾，历代论家往往偏执一面据以得出自己需要的结论。近世研究者开始注意李白诗中充满矛盾的事实，但有的人不是从社会生活中找原因，而是单纯从诗人思想中找原因，把李白诗中的矛盾归结为"儒家同道家的矛盾"（或谓"混合"）、"入世同出世的矛盾"或"任侠同游仙的矛盾"；前提与结论无异同义语的反复，结果什么也没有说明。我们认为，李白思想上的矛盾是由他所处的社会地位决定的，归根结底，是社会矛盾的一种反映，因此只能在广阔的社会历史背景下对它加以研究，这是唯一正确的途径。应当肯定，解放后有不少李白研究者重视了李白浪漫主义抒情诗人的特点，也重视了他和社会生活的联系，对他的生平、思想和作品进行了比较广泛的研究，但是，并不因此便取得一致认识，这也是很自然的。这里不妨回顾一下五十年代发生过的一次争论，以为今后研究工作参考：当时以林庚教授为代表的几位研究者一致认为李白诗歌是所谓"盛唐气象"的反映；我却认为李白出现在唐帝国极盛而衰的历史转折时期，他的诗歌是当时各种极为尖锐的社会矛盾的集中反映，是"山雨欲来风满楼"的景象的天才写照。这种分歧系由彼此对历史和对李白诗的不同理解产生的。林

---

① 李白《月下独酌》其二。

庚教授说:"李白的时代,不但是唐代社会上升的最高峰,也是中国整个封建时代健康发展的最高潮。这期间阶级矛盾缓和在生产力飞速的发展中。"又说:"李白的时代面对着这样一个上升发展的现实,这完全是符合于人民的愿望与利益的,歌唱这样一个愿望,为它提出更理想的要求……李白就是最优秀地完成了这个时代的使命。"①我则认为:"李白青年时代,正值中国封建社会繁荣发展的时期。当时中国在经济、政治、文化各方面都有高度发展,成为当时世界最先进的国家之一。李白是在这样一种优越的环境中成熟的。但当李白以一个卓越的诗人姿态出现时,面对的已经不是'上升发展的现实',而是唐帝国开始崩溃的时期了。"②我曾列举天宝年间土地兼并、开边战争、人口逃亡的大量史实,说明当时阶级矛盾已非常尖锐、生产力已遭到极大破坏,社会在"繁荣"的假象背后危机四伏,广大农民由于失去土地和疲于征役生活得非常痛苦;我还对李白诗歌作了比较全面的分析,说明诗人并没有对他面临的现实唱赞歌,相反,由于政治上的失意,使他感到在现实社会中简直毫无出路,怀才不遇和人生若梦便成为他经常歌咏的两个主题,这种歌咏本身便是对现实的不满和抗议。"盛唐气象"论者认为李白诗充满"乐观情绪""少年的解放精神""青春奋发的感情";我则认为李白诗的基调是忧

---

① 林庚《诗人李白》,上海古典文学出版社1956年版。
② 裴斐《谈李白的诗歌》,载1955年11月13日、20日《光明日报》。

郁、愤怒的。"盛唐气象"论者把安史之乱作为李白的创作分界线，强调前期；我把这条线提前十二年（即李白进京那年——天宝二年），强调后期。事过二十多年，现在深感许多问题需要重新研究，但那不是本文的任务了。

李白由于个性鲜明很容易被了解，由于思想复杂又很容易被误解。无论如何，掌握了马克思主义唯物史观和美学观的当代人，应当是最能了解他的。

李白经济生活探源

李白终生没有俸禄，也没有地产或别的资财，赤手空拳，却能够周流宇宙，漫游山川，有时还过得相当阔绰，其经济来源为何？有人认为他出蜀时带了大笔钱财，虽属推测，尚合情理。但这笔钱数目再大，恐怕也经不起他入宫前十七年挥霍，这段时间必定另有来源。离开宫廷时唐玄宗赏了他一笔钱，"赐金归之"，这是有可靠记载的。但这笔钱也断难维持死前十八年的生活，这段时间也必定另有来源。近世有人推测李白出身富商家庭，因系推测，这里姑置不论。最近郭老把"富商"说大大推进一步，不但语气肯定，而且讲得十分具体：

> 李家商业的规模相当大，它在长江上游和中游分设了两个庄口，一方面把巴蜀的产物运销吴楚，另一方面又把吴楚的产物运销巴蜀。从这里对于李白生活费用的来源才可以得到妥当的说明。（郭沫若《李白与杜甫》）

此未免武断欠妥。首先，郭老为证明"李白的家庭在经营商业",举出李白所说"混游渔商,隐不绝俗"和"青云豪士,散在商钓",断曰"这些都是证据"!这怎能成为证据?"混游渔商"并不是说李白自己是渔或商,这是不辩自明的;恐怕也很难断定那些渔商当中便有他的兄弟。"青云豪士"系泛指那些社会地位很高却没有禄位的有志之士,"散在商钓"则是隐于市而渔于水的意思(请读《金陵与诸贤送权十一序》全文);这是李白发牢骚,从中丝毫看不出他家庭经商的痕迹。郭老的主要论据为《万愤词》中有"兄九江兮弟三峡"一句,据以断曰:"在九江的兄与在三峡的弟,他们究竟在做什么?我看除说为在经营商业之外,没有更好的说明。"理由是唐代长江沿岸商业繁盛。如此推论,也嫌过分武断一些。首先,李白有没有这么一兄一弟便是个问题,郭老所举在一千多篇现存李白诗文当中系绝无仅有的孤证,唐人所撰李白集序和墓序当中也从未涉及。既属孤证,似不宜据以发挥,倒是可以怀疑一下的:

  南冠君子,呼天而啼。恋高堂而掩泣,泪血地而成泥。狱户春而不草,独幽怨而沉迷。兄九江兮弟三峡,悲羽化之难齐。穆陵关北愁爱子,豫章天南隔老妻。一门骨肉散百草,遇难不复相提携。

  郭老以为"一门骨肉"包括"高堂""兄弟""爱子""老妻",窃以为仅包括上联所说"爱子"和"老妻"。"高堂"不必指父母,萧注和王注均有阐明,兹不赘。其实兄弟也未必是亲兄弟。李白生平很爱称兄道弟，诗文题目当中屡见不鲜的"从兄""从弟""族兄""族弟"，其实不过同宗同姓关系，可是李白把这些人看得很亲密。例如《春夜宴从弟桃花园序》所谓"会桃李之芳园，序天伦之乐事"，把那些"群季"视同手足，不看题目便使人疑心是些亲兄弟。《万愤词》中所说的兄和弟，恐怕也是这种关系。"兄九江兮弟三峡"，未必实有所指，不过是兄弟甚夥、流布各地的意思。当然，上述看法亦属推测，同样举不出确凿证据。那么，退一步讲，即使李白有这么一兄一弟，何以见得住在九江、三峡必然是经商？长江沿岸商业繁盛固然是事实，可是，据此并不能说明住在那里的人都是商人。为了把问题说透，不妨再退一步：假定李白真有这么一兄一弟，又都是在经商，何以见得李白和他们有经济联系？这方面，即使是间接的证据，郭老也没有举出来。

王琦曰："太白诗中绝无思亲之句，疑其迁化久矣。"非但如此，无论从李白自叙或从魏万、李阳冰、范传正诸人所叙李白生平中，都看不出李白除妻室儿女之外还有别的亲属联系。李白出蜀后便和家庭断了联系，这是根据现存资料所能得出的唯一结论。至于李白的经济来源，我倒有个自以为符合实际的粗浅看法，提出来向专家、读者请教。

李白脚迹遍天下，朋友遍天下，诗歌遍天下，除写诗并没有别的谋生手段，其经济来源恐怕主要还是靠诗名和写诗谋取馈赠。这不仅是一种合乎逻辑的推断，而且可以从李白诗文当中找出大量证据。李白交游之广，世所罕见：上至帝王，下至平民，三教九流、五行八作，有交无类。李白为他们写诗，也靠他们养活。得意时为皇帝写诗，接受赐金；穷悴时接受普通农妇救济，也只能报之以诗。至于经常和他发生经济关系的，则主要是遍布全国的州佐县吏，从刺史、太守、别驾、长史、司马、判官、都史、司户、司士、参军，到明府、少府、赞府、录事、主簿。这些人在"平交王侯"的李白眼里地位不高，有的很微贱，但李白对他们很重视，经常称叔论侄，呼兄唤弟，并赠之以诗。现存李白集中赠答之作过半，其对象大都是上述地方官吏。在赠给太守、长史一级地方大员的诗中，他经常称赞对方为招贤纳士的战国某公子，而以寄食门下的某客自居（请阅《赠宣城赵太守悦》《送鲁郡刘长史迁弘农长史》《博平郑太守见访赠别》《江上赠窦长史》等篇），甚至在区区县丞面前有时也唱出"长铗归来乎"（请阅《于五松山赠常赞府》），这就说明李白在经济上确曾依仗对方。在赠给县宰一级"父母官"的诗中，他经常是恭维对方的政绩（请阅《赠清漳明府侄聿》《赠范金乡》《赠从孙义兴宰铭》《献从叔当涂宰阳冰》等篇），或投其所好把对方比作当彭泽令的陶潜（请阅《赠临洺县令皓弟》《赠崔秋浦》《戏赠郑溧阳》《赠间邱宿松》《别中都明府兄》等篇）；这种模式化的溢美也透露出诗人经济上有求于人的隐衷。李白在诗名远扬的盛年，太守和隐士都对他发出邀请，甚至不远千里寻访，他并不需要主动索取馈赠。可是他毕竟也有主动索取馈赠的时候。特别是安史之乱爆发以后的晚年，由于社会动乱和他自身经历两方面的原因，经济上依仗于人的真实情况不得不暴露在诗篇中。下面摘句若干以见一斑：

> 归来无产业，生事如转蓬。一朝乌裘敝，百镒黄金空。弹剑徒激昂，出门悲路穷。吾兄青云士，然诺闻诸公。所以陈片言，片言贵情通。棣华倘不接，甘与秋草同。（《赠从兄襄阳少府皓》）

此诗作于入京以前的壮游时期，因经济拮据向人求援无疑。对方不过区区县吏，李白却把他看成"青云士"，又以"棣华"喻兄弟。下面两首辞意更恳切，把自己说得更可怜：

> 犹是可怜人，容华世中稀。向君发皓齿，顾我莫相违！（《赠裴司马》）
>
> 他人纵以疏，君意宜独亲。……愿假东壁辉，馀光照贫女。（《陈情赠友人》）

下面举几首晚年作品：

> 虎伏避胡尘，渔歌游海滨。弊裘耻妻嫂，长剑托交亲。……莫持西江水，空许东溟臣。他日青云去，黄金报主人。（《赠友人》其三）
>
> 仙郎久为别，客舍问何如？涸辙思流水，浮云失旧居。多惭华省贵，不以逐臣疏。（《江夏赠史郎中》）

两首均以"涸辙之鲋"自比,其窘迫可见。值得注意的是,安史之乱爆发时李白已经五十六岁,诗中仍以功名未遂时的苏秦自比,实在太可怜! 紧接着又以寄食孟尝君门下的冯谖自比,则说明他所处的经济地位。再举两首:

> 而我谢明主,衔哀投夜郎。归家酒债多,门客粲成行。高谈满四座,一日倾千觞。所求竟无绪,裘马欲摧藏。主人若不顾,明发钓沧浪。(《赠刘都使》)
>
> 小子别金陵,来时白下亭。群凤怜客鸟,差池相哀鸣。各拔五色毛,意重太山轻。赠微所费广,斗水浇长鲸。(《献从叔当涂宰阳冰》)

前首是求援,后首则是叙述受援情形。以上所举各首大致概括了李白一生各个时期,足以证明并不存在一个供他挥霍的富商家庭,而是各地州佐县吏和朋友经常给予经济支持。"他日青云去,黄金报主人",可见不是告贷,而是索取馈赠;实际上他只能报之以诗。作为上述证据的补充,我们还可以举出下列事实:李白还曾以诗换裘(见《酬殷明佐见赠五云裘》),以诗换罗衣(见《张相公出镇荆州》),以诗换乌纱帽(见《答友人赠乌纱帽》),以诗换茶(见《答族侄僧中孚》),以诗换墨(见《酬张司马赠墨》),以诗换鱼换酒(见《酬中都小吏》)。这种交换当然不是赤裸裸的商品交换,而是罩上了一层温情脉脉的面纱的,如果仅有一例,未尝不可拿它同王羲之书黄庭经换鹅的雅事并提。但李白的以诗易物既然是家常便饭，再参考他经常接受馈赠和接济一至寄食对方门下的大量事实，便不难看出这种交换的性质。除了诗，李白没有别的东西可以和人交换。他也并没有别的经济来源。杜甫咏李白"敏捷诗千首，飘零酒一杯"（《不见》），两句诗极其生动地概括了李白一生，不过我们还可以补充一句：酒是用诗换的。当时社会没有稿费，李白却能以诗谋生，称得上一个职业诗人，这在中国封建时代不能不说是个奇迹。中国封建时代的诗人，不是从政当官，便是退隐当地主；或终生当官，或终生当地主；或先当官后当地主，或先当地主后当官。李白是例外，不属于上述四种情况当中任何一种。封建社会历代诗人当中，恐怕只有李白有资格在履历表的职业栏里填上"诗人"二字。这是李白的光荣，也是历史的光荣。了解这点对于了解李白很重要。李白思想性格在封建士大夫阶层当中显得很特殊，原因之一便是他所处的经济地位很特殊。

但是，必须附带说明的是：当时社会毕竟没有诗人这个职业，李白自己也并不想以诗为生，相反，他自己对诗似乎并不那么重视。李白很骄傲，"才"是他骄傲的主要资本，即使在最倒霉的时候还敢于说"才力犹可倚，不惭世上雄"（《出金门后书怀留别翰林诸公》），但他自恃的才并不是诗才，而是经邦济世的政治才能；他向人陈述时总说自己"托意在经济"（《读诸葛武侯传书怀赠长安崔少府叔封昆季》）、"怀经济之才"（《为宋中丞自荐表》），深恐对方不了解或发生误解。李白学识渊博，非常熟悉历史，在他尊敬的历史人物当中绝大部分是政治家，很少有诗人；这也说明他的主要兴趣在政治，不在诗。李白一生都在寻找政治出路，政治上的怀才不遇是他经常歌咏的主题。他青年时代便提出来"达则兼济天下，穷则独善一身"（见《代寿山答孟少府移文书》），其实他自己超过了这种儒家理想。他从来反对独善一身，穷也要兼济天下！最能说明这点的，莫若他晚年那段可歌可泣的经历。总之，李白不是为写诗而写诗，主观上并不想当职业诗人，这恰恰是他终于成为"吟咏留千古"的伟大诗人的重要原因。

李白供奉翰林小议

每读陆游《读杜诗》:"后世但作诗人看,使我抚几空嗟咨!"总觉得放在李白身上更切贴。杜甫功名未遂,毕竟还落个"白首郎官",他的自比稷契和忧国忧民在后世引起过广泛同情;李白的结局是"一命不沾",不但比杜甫失败得更惨,而且他的政治抱负从不被人理解。

李白一生主要兴趣在政治,不在诗。和"语不惊人死不休""新诗改罢自长吟""晚节渐于诗律细"的杜甫比较,他对作诗并不那么重视。李白很骄傲,但他极少吹嘘自己的诗才,却总是吹嘘自己的政治才能,一再表白自己"怀经济之才"[①]"托意在经济"[②]"欲献济时策"[③]。具有讽刺意味的是,他的政治抱负非但不得施展,反而招致嘲笑:"时人见我恒殊调,闻余大言皆冷

---

① 李白《为宋中丞自荐表》。
② 李白《赠长安崔少府》。
③ 李白《邺中赠王大》。

笑。"①这是当世人对他的态度;"李太白狂士也……此岂济世之人哉!"②这是后世人对他的看法。李白明明说自己"一生欲报主,百代期荣亲"③,《旧唐书》却硬派他"飘然有超世之心";他在安史之乱中三度参军、一次入狱、一次流放,激昂慷慨,《新唐书》却偏说"白晚好黄老"。李白在历史上的显赫诗名谁都承认,对于他的政治抱负谁都不承认。

李杜都有远大的政治抱负,一个要"申管晏之谈,谋帝王之术,奋其智能,愿为辅弼,使寰区大定,海县清一"④,一个要"致君尧舜上,再使风俗淳"⑤,都想做出一番辅弼大业。但当他们积极从事政治活动时,唐统治者已经非常腐败,政权操在不学无术而又嫉贤妒能的李林甫、杨国忠这般奸相手中,这是他们从政失败的客观原因。杜甫两次应考落第,碰了许多钉子,终于因陈情、干谒由小官入仕,采取的从政道路是很现实的。李白却始终不向现实屈服,他不考科举,不求小官,"喜谈纵横术,好语王霸略",总想步先秦策士后尘,凭借个人才能一举而致卿相,成为安邦定国的风云人物。这种从政道路在逐鹿未定的封建社会初期曾经是现实的,在封建社会庞大的官僚机器已经巩固建立的时期便显得滑稽可笑。这是李白从政失败的主观原因,也是他的

---

① 李白《上李邕》。
② 苏轼《李太白碑阴记》。
③ 李白《赠张相镐》其一。
④ 李白《代寿山答孟少府移文书》。
⑤ 杜甫《奉赠韦左丞丈二十二韵》。

政治抱负在历史上不被理解的重要原因。

我们不用为李白从政失败"嗟咨",白居易便说:"天意君须会,人间要好诗!"①中国古代不少人都懂得这种生活的辩证法。值得"嗟咨"的是历代封建士大夫对李白的普遍看法。当然,无论从成就上看或从气质上看,李白都是诗人,不是政治家。但是,如果不了解李白的政治悲剧,便不可能正确了解他的诗。

两年翰林供奉生活,在李白一生中是个重要转折点;无论从前看往后看,情况都是如此。从出蜀到入宫,其间经过十七年,可看成李白从政准备时期。李白虽不曾像杜甫那样直接向皇帝陈情,但他在各地漫游中竭力扩大社会关系,结交各阶层的知名人物(包括王公、大臣、地方官吏以至隐者、道士),向他们吹嘘自己,以期树立名声,也就等于是间接向皇帝陈情。经过多年惨淡经营(包括游仙、访道和隐居生活在内),终于名动京师,以至唐玄宗亲下诏令征他进京,其时天宝二年,李白已经四十二岁。李白辞家赴征时写的那首《南陵别儿童入京》,近世论家每引最后两句:"仰天大笑出门去,我辈岂是蓬蒿人!"的确很能说明李白当时的心情;其中还有一句:"游说万乘苦不早!"则不但说明心情,还说明抱负。他俨然以谋臣策士自居,满以为可以实现"奋其智能,愿为辅弼"的夙愿了。

关于李白入宫初期受到的待遇,李阳冰《草堂集序》中有一段相当翔实的记载:

---

① 白居易《读李杜诗集因题卷后》。

> 皇祖下诏征就金马,降辇步迎,如见绮皓。以七宝床赐食,御手调羹以饭之,谓曰:"卿是布衣,名为朕知,非素蓄道义,何以及此!"置于金銮殿,出入翰林中。问以国政,潜草诏诰,人无知者。

李阳冰是李白死前见到的最后一个人,其所编李集系李白"枕上授简,俾余为序",所叙李白事迹当最可信。"绮皓",指汉初著名隐者商山四皓中的绮里季,李白于诗文中曾屡次提及或以自比,主要是为抬高身价,表示自己是不受侮慢的客卿[①]。唐玄宗正是这样看待他的。他自然不以调护孝惠刘盈的四皓为满足,而是要积极参预政事,这个宏愿看来也并没有完全落空。当世另一位李集编纂者魏颢亦有李白于宫中"制出师诏"的记载[②];年代稍晚一点,刘全白曾记李白"为和蕃书并上宣唐鸿猷一篇"[③],范传正曾记李白"论当世务,草答蕃书,辩如悬河,笔不停缀"[④],也都是可信的记载。上述这些记载与李白自叙"既润色于鸿业,或间草于王言"[⑤]"布衣侍丹墀,密勿草丝纶"[⑥]"早怀

---

① 典故详见《史记·留侯世家》。
② 见魏颢《李翰林集序》。
③ 刘全白《唐故翰林李君碣记》。
④ 范传正《翰林学士李公新墓碑序》。
⑤ 李白《为宋中丞自荐表》。
⑥ 李白《赠崔司户文昆季》。

经济策，特受龙颜顾"①"遭逢圣明主，敢进兴亡言"②"承恩初入银台门，著书独在金銮殿"③相印证，可知李白入宫初期确曾在政治上显过身手。所载《出师诏》《和蕃书》《宣唐鸿猷》均未流传，所谓"辩如悬河"也不知道他在唐玄宗面前讲的什么，因此无从了解其具体政治主张。值得注意的是《和蕃书》这个题目，与李白去朝以后写的许多反战诗篇（如《古风》其三十四、《书怀赠南陵常赞府》、《登高丘而望远海》等）相印证，可知李白是反对穷兵黩武、主张和平外交的，这自然是符合人民利益的进步主张。但可以断言：李白的主张并没有对统治者的政策发生作用。天宝初年以后开边战争有增无已，就对吐蕃而言，八载哥舒翰率兵十万拔石堡城，李白于《答王十二寒夜独酌有怀》中对哥舒猛烈抨击，即因此事。李白在宫廷的政治活动不可能发生作用，关键在他根本没有接近真正掌握实权的人物。据《新唐书·李林甫传》载："时帝春秋高，听断稍怠，厌绳检……及得林甫，任之不疑。林甫善养君欲，自是帝深居燕适，沈蛊衽席……同时相若九龄、李适之皆遭逐，至杨慎矜、张瑄、卢幼临、柳升等缘坐数百人，并相继诛……谏官皆持禄养资，无敢正言者。"这便是李白面临的现实：唐玄宗本人已经厌倦政事，实权掌握在著名奸相李林甫手中。现有材料表明：李白待诏翰林期间接触的宫

---

① 李白《赠溧阳宋少府陟》。
② 李白《书情赠蔡舍人雄》。
③ 李白《赠从弟南平太守之遥》其一。

廷人物很多，其中有左相李适之，却没有右相李林甫，连谗毁他的人物当中也没有李林甫，这就说明他和这位实权人物根本没有接触。李白既是要"申管晏之谈，谋帝王之术"，只有通过皇帝才能实现其抱负，入宫后依附皇帝而不依附宰相，在他是合乎逻辑的。但唐玄宗并没有突然委以国政的理由，何况连他自己对政事也不感兴趣了呢！完全有理由设想：唐玄宗的"问以国政"并不包含多少诚意，他对于李白的"辩如悬河"也不过是姑妄听之而已。便是这种表面敷衍，也为时不久。李阳冰记："丑正同列，害能成谤；格言不入，帝用疏之。"①魏颢所记过程简略，却具体指出了进谗的人："上皇……令制出师诏，不草而成，许中书舍人；以张垍谗逐，游海岱间。"②按：张垍当时亦以学问知名，以中书舍人供奉翰林，后安史乱中投降安禄山。《松窗杂录》等书则说李白遭疏系由高力士、杨太真谗毁。上述记载与李白自己所说"青蝇易相点，白雪难同调"③"白玉栖青蝇，君臣忽行路"④"谗惑英主心，恩疏佞臣计"⑤"君王虽爱蛾眉好，无奈宫中妒杀人"⑥"才微惠渥重，谗巧生缁磷"⑦"为贱臣诈诡，遂放归

---

① 李阳冰《草堂集序》。
② 见魏颢《李翰林集序》。
③ 李白《翰林读书言怀》。
④ 李白《赠溧阳宋少府陟》。
⑤ 李白《答高山人》。
⑥ 李白《玉壶吟》。
⑦ 李白《赠崔司户文昆季》。

山"①相印证,可知李白受谗被疏无疑。值得注意的是,诸家所载这些进谗的"同列"当中,张垍是驸马,高力士是贵宦,杨太真是宠妃,与李白所说"佞臣""贱臣"符合,都是皇帝的亲近,可并非左右朝政的权臣,此亦可为李白未接近政治实权人物之又一证。李白既以谋臣策士自居,自然不把这些皇亲贵宦放在眼里,这些人当然也瞧不起出身布衣的李白,更不会容忍他的傲慢,他们对他进行谗毁是不可避免的。至于唐玄宗本人对李白的看法,虽然说者多有美饰,有时也能看出点真实眉目,如"此人固穷相"②"非廊庙器"③,便都是唐人的记载,可见在唐玄宗眼里李白并不是当官的材料。

唐玄宗并不欣赏李白的"经济之才",却非常欣赏他的诗才。关于李白宫廷生活,历代人津津乐道的是这样一些记载:

> 开元(当是天宝之误)中,禁中初重木芍药,即今牡丹也。得四本,红、紫、浅红、通白者,上因移植于兴庆池东、沉香亭前。会花方繁开……上曰:"赏名花,对妃子,焉用旧乐词为?"遂命龟年持金花笺,宣赐翰林学士李白进清平调词三章。白欣承诏旨,犹苦宿醒未解,因援笔赋之。……上自是顾李翰林尤异于他学士。(李濬《松窗杂录》)

---

① 李白《为宋中丞自荐表》。
② 见段成式《酉阳杂俎》。
③ 见孟棨《本事诗》。

（唐玄宗）尝因宫人行乐，谓高力士曰："对此良辰美景，岂可独以声伎为娱？倘时得逸才词人咏出之，可以夸耀于后！"遂命召白。时宁王邀白饮酒，已醉，既至，拜舞颓然。上知其薄声律，谓非所长，命为宫中行乐五言律诗十首。……白取笔抒思，略不停缀，十篇立就，更无加点；笔迹遒利，凤跱龙拏；律度对属，无不精绝。……出入宫中，恩礼殊厚。（孟棨《本事诗》）

李白在翰林多沈饮，玄宗令撰乐词，醉不可待，以水沃之。白稍能动，索笔一挥十数章，文不加点。（李肇《唐国史补》）

开元（当是天宝）中，李翰林应诏草白莲花开序及宫词十首。时方大醉，中贵人以冷水沃之，稍醒，白于御前索笔一挥，文不加点。（王定保《唐摭言》）

以上记载虽属小说稗史，未知何据，但作者都是唐或五代人，去李白不远，新旧《唐书》均曾采用；再参照李白并杜甫等人诗文，可知这些经过渲染的描写是大致可信的。所记《清平调词》《宫中行乐词》现存李白集中，确实都是些歌咏享乐生活、点缀升平的典型宫词。所记《白莲花开序》未传，但范传正《翰林学士李公新墓碑序》亦载："他日泛白莲池，公不在宴。皇欢既洽，召公作序，时公已被酒于翰苑中，仍命高将军扶以登舟：优宠如是。"可能最早行世的李集中有这么一篇作品。当然，李白为唐玄宗写的作品并不止此。魏颢《李翰林集序》称"朝廷作歌数百篇",李阳冰《草堂集序》亦称"朝列赋谪仙之歌凡数百首",这些作品虽大部散佚,于现存李集中总还留下数十首,其中十六首可以肯定为奉诏应制之作①。再从杜甫《寄李十二白》中所说"文采承殊渥,流传必绝伦"和任华《杂言寄李白》中所说"新诗传在宫人口,佳句不离明主心",同样可以看出李白在长安宫廷的真实处境。

唐玄宗实在是把李白当御用诗人看的,为榨取其诗才尽可"以水沃之",其地位与乐工、倡优何异?这对于想要"申管晏之谈,谋帝王之术"的李白,真是绝大的讽刺!事过境迁,当李白晚年回忆这段翰林生活时,对于"朝天数换飞龙马,敕赐珊瑚白玉鞭"②"龙驹雕镫白玉鞍,象床绮食黄金盘"③"敕赐飞龙二天马,黄金络头白玉鞍"④的荣华,自不无顾恋,这是李白的庸俗一面。可是李白的并不庸俗,也正好在于他当初能够毅然舍弃这种"荣华"。关于李白去朝,说者纷纭,不外遭谗被逐和"恳求还山"两种。恐怕还是杜甫所说"乞归优诏许",李阳冰所说"天子知其不可留,乃赐金归之"最为可信。如前所述,李白遭谗被疏是事实,但如果他甘心做个"入侍瑶池宴,出陪玉辇

---

① 《侍从宜春苑奉诏赋龙池柳色初青听新莺百啭歌》、《宫中行乐词》八首、《春日行》、《侍从温泉作》、《阳春歌》、《清平调词》三首、《送贺监归四明应制》,以上共十六首。

② 李白《玉壶吟》。

③ 李白《赠从弟南平太守之遥》其一。

④ 李白《答杜秀才五松山见赠》。

行"①的宫廷诗人，照样可以享受富贵荣华的，或许谗毁便不致发生。李白可贵之处在于他不安于现状，"彷徨庭阙下，叹息光阴逝"②，因为在政治上没有出路，即使享有富贵荣华，仍然不得意，这种不得意的心情在他当时写的诗中经常流露。李阳冰有段话很可注意："格言不入，帝用疏之。公乃浪迹纵酒以自昏秽，咏歌之际屡称东山；又与贺知章、崔宗之等自为八仙之游。"可见八仙之游实在李白政治上被疏之后，是他的一种反抗行动。同样，如果令高力士脱靴传说可信，也是一种反抗行动；这种反抗既是针对"以水沃之"的中贵，也是针对唐玄宗的。《旧唐书》作者有悟于此，所以说李白"尝沉醉殿上，引足令高力士脱靴，由是斥去"；事实并不可信，但李白放浪形骸以示反抗的行为引起了唐玄宗不满，则属情理中事。因此也可以说李白的失意系咎由自取，这正是他值得颂美的地方！

可是，近世研究者每引任华所谓"高歌大笑出关去"以说明李白去朝时的心情，则又未免把李白看得过分旷达。他辞家赴京时固然是"仰天大笑出门去"，辞京还家时便不能是任华猜想的那个样子。请看《出金门后书怀留别翰林诸公》一诗：

> 方希佐明主，长揖辞成功。白日在高天，回光烛微躬。恭承凤凰诏，欻起云萝中。清切紫霄迥，优游丹禁通。君王

---

① 李白《秋夜独坐怀故山》。
② 李白《答高山人》。

赐颜色，声价凌烟虹。乘舆拥翠盖，扈从金城东。宝马丽绝景，锦衣入新丰。……一朝去金马，飘落成飞蓬。宾客日疏散，玉樽亦已空。才力犹可倚，不惭世上雄！闲作东武吟，曲尽情未终！书此谢知己，吾寻黄绮翁。

辞意相当缠绵，对于宫廷生活的眷恋真可谓一步三回首。最后提到商山四皓中的夏黄公和绮里季，表面表示归隐决心，实则借四皓与汉高祖故事以谴责唐玄宗的轻士并表明自己义不受辱；既是"微辞"，说穿了，也是恋君的表示。既有不满，又有留恋，这种矛盾心情在李白是很典型的。他在去京大约十年以后写的《书情赠蔡舍人雄》中，又借严子陵与汉光武故事，反用其义，以说明他对唐玄宗的失望："彼希客星隐，弱植不足援！"[1]但在同一首诗中又说"迹谢云台阁，心随天马辕"，仍旧是身在江湖心存魏阙！这种矛盾使李白在持偏见的后世论家当中处于两面受攻的尴尬地位：宋代道学家诋李的重要根据之一便是他对皇帝的忤慢，近世某些研究者则又对他终生眷恋朝廷每有讥刺。不言而喻，李白的"戏万乘若僚友"和以客卿自居，比起同时一般封建士大夫在皇帝面前的奴颜婢膝来，更能引起我们的同情。不过，李白并不能超越历史局限，虽然自称"偃蹇臣"[2]，毕竟还是要称臣。有什么办法？既想做番辅佐大业，总得有辅佐对象，即使

---

[1] 李白《书情赠蔡舍人雄》。
[2] 李白《送岑征君归鸣皋山》。

碰上个昏君，也只好把希望寄托在他身上！这是屈原、李白以及封建时代许多有政治抱负的优秀人物的共同悲剧。

李白宫廷生涯以彻底失败告终，对封建时代一个热衷功名的读书人来说，这是很大的不幸。可是，对于诗人李白来说，这段经历不惟毫无遗憾，可说十分幸运。如果李白不进宫廷，他对政治黑暗和统治阶级的腐朽本质便不能具有那样深刻的认识，从而也就不能对社会盛极而衰的必然趋势具有坚信不疑的预感；如果他入宫后功成名遂或则安心做个宫廷诗人，便不会对统治阶级进行那样大胆的揭露和抨击，他的抒发个人痛苦的诗篇便不会同广大人民的情绪产生和谐共鸣。五十年代，我在和一些主张李白诗反映了"盛唐气象"的研究者争论时，曾把天宝二年李白入宫当成他的创作分界线，认为他的主要创作在后期。当时尚未见有人为李白诗编年，只有一帙由南宋薛仲邕编辑、经清人王琦补订的《李太白年谱》，因此争论当中彼此都感到有些困难。因近人黄锡珪《李太白编年诗集目录》和詹锳《李白诗文系年》相继行世[1]，现在重新研究便感到方便得多，实在应该对他们的辛勤劳动表示钦佩和感谢！

当然，由于年代久远，可资征引资料有限，将某一作品系于某年有时难免武断；于大致写作时期的判断，则一般是可信的。大体而论，黄氏《目录》将现存李白诗文绝大多数编年，而考证

---

[1] 黄锡珪《李太白年谱》（附李太白编年诗目录）、詹锳《李白诗文系年》均于1958年由作家出版社出版。

（见其所撰《年谱》）欠详；詹氏《系年》占李白现存诗文三分之二强，态度较审慎，考证说明亦较翔实。如按愚见将天宝二年作为分界，据黄氏《目录》，则前二十年诗文共一百三十四篇，后二十年诗文共八百二十三篇，后期为前期六倍以上；据詹氏《系年》，则前二十年诗文共一百四十四篇，后二十年诗文共六百二十一篇，后期为前期四倍以上。而我之所以强调李白的后期，主要根据还不在作品数量，而在作品质量。历代论家评李普遍存在重艺术轻思想的缺点。在我们看来，李白作品的思想特色比艺术特色更加重要。我们今天给这位"吟咏留千古"的伟大诗人以崇高评价，不仅因为他的作品具有不可摹仿的鲜明的艺术个性，更重要的是因为他的作品具有鲜明的进步政治倾向和极其深刻的社会内容。而作为一个对政治和重大社会问题有深刻理解的先觉者，他是在和最高统治集团有了直接接触的经验之后才成熟的。只要按编年顺序把现存李白诗文通读一遍，便不难看出两年翰林生活在李白创作生涯中是个关键性的转折点。他的前期作品，或抒发抱负[①]，或流连山水[②]，或咏史怀古[③]，或惜别[④]，或寄远[⑤]，一般说来思想感情比较单纯，缺乏后期作品的深刻、复杂和凝重，读起来感人力量不大，根本原因在于这些个人抒情还缺乏社

[①] 如《书怀寄蜀中赵征君蕤》《五月东鲁行答汶上翁》。

[②] 如《登峨眉山》《登锦城散花楼》。

[③] 如《西施》《越中怀古》《乌栖曲》。

[④] 如《送孟浩然之广陵》《送韩准、裴政、孔巢父还山》。

[⑤] 李白集中怀远诗大部分作于入京以前。

会内容。至于后期作品,虽然仍以个人抒情为主,但这些个人抒情经常伴随着对政治黑暗以及整个社会秩序的猛烈抨击①,这时才出现我们所熟悉的李白的面貌。李白后期的抒情诗大部分可以当作政治抒情诗来读,关于这一点,将另文论述。《旧唐书》称李白"飘然有超世之心",胡适鹦鹉学舌,于《白话文学史》中也说李白是个"山林隐士"。其实,李白比文学史上任何人都更有资格被称为政治诗人、社会诗人,如果可以这样称呼的话。

李白短促的宫廷生涯,包括他的奉诏填词应制作诗,总的看来是个政治悲剧。李白没有辜负历史要求他扮演的角色,因此才可能成为真正伟大的诗人。

---

① 可参看《玉壶吟》、《行路难》、《古风》其三十七、《鸣皋歌送岑征君》、《雪谗诗赠友人》、《答王十二寒夜独酌有怀》、《书怀赠南陵常赞府》、《书情赠蔡舍人雄》等诗。

论李白的隐逸

历史对李白的最大歪曲，便是说他"飘然有超世之心"[①]。解放后研究者们强调李白与社会生活的联系，实际就是对于历史上的"超世"说的批驳。但是，由于对李白生平思想中某些重要问题还缺乏研究，这种批驳有时显得无力，或者还不能完全摆脱历代因袭见解的影响，表现为调和论。在有的论家笔下，李白对入世与出世同样具有高度热情，既想当官又想当隐士，功名心强到极点，同时又是最虔诚的道徒；实情果真如此，李白岂不成了精神分裂的疯子？仅凭表面现象，上述看法又似乎是有根据的。李白生平思想中的确存在矛盾，一方面有强烈的政治抱负，同时又对隐逸和游仙发生浓厚兴趣，这是事实。应当提出的问题是：二者间关系如何？产生矛盾的根源为何？回避事实不行，单纯罗列事实也不行；科学的态度是既重视事实，又要对它进行分析。关于李白的游仙访道详另文。本文着重分析李白的隐逸并与之有关的若干问题，以驳历史上的"超世"

[①]《旧唐书·文苑列传》。

说，并同当代论家的调和论商榷。

一、关于李白的隐居生活和归隐思想

李白一生当中究竟有过几次隐居？据李白自叙："昔与逸人东严子隐于岷山之阳，白巢居数年，不迹城市。"①那还是他在出蜀前的少年时代。既然不久之后便"仗剑去国，辞亲远游"，可见"巢居数年"实为刻苦攻读，为积极入世做准备，并非一般意义的避世隐居。第二次有据可查的隐居，是在十多年后的中年时期，曾与孔巢父、裴政、张叔明、韩准、陶沔等人会于山东徂徕山，号称竹溪六逸；李白有《送韩准、裴政、孔巢父还山》一诗记其事。又《旧唐书》李白本传云"天宝初客游会稽，与道士吴筠隐于剡中"，未知所据②，倘若属实，便是李白第三次隐居，时值入宫前夕。再有，李白于去朝后"十载客梁园"时期，曾与元丹丘在河南颍阳、嵩山有过一段隐居生活，历代史家、论家均未予注意。元丹丘与李白友谊甚笃，受李白赠诗最多，共十四篇，其中《题元丹丘颍阳山居》《寻高凤石门山中元丹丘》《闻丹丘子于城北山营石门幽居因叙旧以寄之》《题嵩山逸人元丹丘山居》诸诗，于同隐情形描述甚详。关于李白隐居，根据现有材料只能举出以上四次。此外，至于在诗题、诗序、诗文中屡称隐于何处，则不过是他对于自己所处在野身份的看法，不可认真。例如

---

① 李白《上安州裴长史书》。
② 从李白的诗文中找不出这次隐居的证据。

他晚年回忆起两年翰林生活时曾说"世人不识东方朔，大隐金门是谪仙"①，借东方朔所谓"避世金马门"以显示自己的高傲，绝不能据此说李白曾于长安宫中隐居两年。又如《赠王判官时余归隐居庐山屏风叠》作于安史之乱爆发次年秋季，在他参加永王李璘水军前夕，所谓"归隐"实为逃避战乱（《为宋中丞自荐表》所说"属逆胡暴乱，避地庐山"可证），或者正是为参加抗战做的准备。便是从以上所举可信的四次隐居来看，李白亦与一般隐者不同。他的隐居时断时续，也没个固定地点，除少年岷山读书一次外，其余三次时间都不超过一年。李白和"饮中八仙"当中的崔宗之在去朝以后有过一次有趣的唱答，从中可以看出李白对隐居的态度：

我家有别业，寄在嵩之阳。明月出高岑，清溪澄素光。云散窗户静，风吹松桂香。子若同斯游，千载不相忘！（崔宗之《赠李十二》）

崔宗之把他在嵩山的家美化一番，邀李白相偕同隐（同游也就是同隐），李白回答得很妙：

举身憩蓬壶，濯足弄沧海。从此凌倒景，一去无时还。朝游明光宫，暮入阊阖关。但得长把袂，何必嵩丘山？（李白《酬崔五郎中》）

---

① 李白《玉壶吟》。

李白的隐居是可以概括进他那"五岳寻仙不辞远,一生好入名山游"①中去的,二者间其实并没有严格的界线。他并不向往真正隐者那种固定、安适的隐居生活,也办不到。真正的隐者,恐怕至少要是个小地主才行,而李白却是"归来无产业,生事如转蓬"②"顾余乏尺土,东作谁相携"③,没有这种资格。出蜀后几次短暂的隐居,他都是和人同隐,地点又总是在别人家里。从李白诗文中看,经常有人招他同游同隐,从未见他招别人同游同隐。上面所举和崔宗之的唱答,便是他拒绝崔宗之的邀约。可并非一概拒绝,例如当元丹丘于嵩山招他同隐时,便是"欣然适会本意,当冀长往不返,欲便举家就之"④。元丹丘其人不见史传,从李白诗文看,是个相当有钱的隐者。由此不难看出,李白的隐居有一部分是出于经济上的原因。但更为重要,也更值得研究的却是政治上的原因。

如上所说,李白实际的隐居生活不多,其性质也和真正隐者不同,值得重视的是他的态度和思想。李白既然"一生欲报主"⑤,经常表白自己"怀经济之才"⑥"托意在经济"⑦,是个

---

① 李白《庐山谣》。
② 李白《赠从兄襄阳少府皓》。
③ 李白《赠从弟冽》。
④ 李白《题嵩山逸人元丹丘山居序》。
⑤ 李白《赠张相镐》其一。
⑥ 李白《为宋中丞自荐表》。
⑦ 李白《读诸葛武侯传书怀赠长安崔少府叔封昆季》。

有很大政治抱负的人,为什么又说"心在期隐沦"①"素以烟霞亲"②?封建时代的读书人,不是出仕,便是归隐,只有这两条出路。仕与隐,性质相反,可是二者间并没有不可逾越的鸿沟,可以先隐而后仕,也可以先仕而后隐。这里先说前一种情况,既然历史上有过不少由隐出仕、一举而至卿相的先例,如吕尚、诸葛亮、谢安等,归隐便能成为抬高出仕身价的一种手段,司马承祯所谓"终南捷径"也就是这个意思。李白对吕尚、诸葛亮、谢安诸人的从政方式非常欣赏,司马承祯的看法对他也有影响(李白青年时代见过司马承祯,还受过他夸奖③)。李白经常同一些著名隐者往还,有意树立自己的隐者名声,便是为抬高身价,而且终于达到了目的。李白在政治上虽然失败得很惨,但他毕竟曾经"以布衣而动九重"。最先荐举的人一说是唐玄宗的妹子玉真公主④,一说是和他同隐过的吴筠⑤,两位都是道家中人(唐代道隐不分)。因此,从积极方面说,隐逸实在是李白从政的一种手段。

可是,如果把李白的隐逸完全看成是从政手段,亦与事实不合。他确实也真诚向往过归隐,这种向往又总是和政治上的失意纠缠在一起的。请先读他待诏翰林期间写的诗:

---

① 李白《酬王补阙》。
② 李白《颍阳别元丹丘之淮阳》。
③ 司马承祯曾夸奖李白有"仙风道骨",见李白《大鹏赋序》。
④ 见魏颢《李翰林集序》。
⑤ 见《旧唐书·文苑列传》。

>　　青蝇易相点，白雪难同调。本是疏散人，屡贻褊促诮。云天属清朗，林壑忆游眺。或时清风来，闲倚栏下啸。严光桐庐溪，谢客临海峤。功成谢人间，从此一投钓。（《翰林读书言怀》）

此诗显系遭谗以后之作，由于政治上的失意，便想起严子陵和谢灵运来了。因为当时还身在宫阙，所以话说得比较含蓄，情绪也还平和。请看他去朝以后的诗：

>　　遭逢圣明主，敢进兴亡言。……白璧竟何辜，青蝇遂成冤。一朝去京国，十载客梁园。……我纵五湖棹，烟涛恣崩奔。梦钓子陵湍，英风缅犹存。彼希客星隐，弱植不足援！千里一回首，万里一长歌。黄鹤不复来，清风奈愁何！舟浮潇湘月，山倒洞庭波。投泪笑古人，临濠得天和！闲时田亩中，搔背牧鸡鹅。别离解相访，应在武陵多。（《书情赠蔡舍人雄》）

整节诗充满愤世嫉俗和摆去拘束的激越情绪，这在李白后期抒情诗中是相当典型的。他不但把自己的去朝归之于宫廷权贵的谗害，对唐玄宗本人也进行了大胆攻击（反用严子陵与汉光武典故以谴责其昏庸与无能）。因为对当权者失望，觉得在政治上没有出路，这才产生弃世归隐的幻想，一至觉得屈原的自沉汨罗未免可笑，不如庄子优游濠上。这时期同类性质作品还能举出许多①。请再看他晚年的作品：

> 一度浙江北，十年醉楚台。荆门倒屈宋，梁苑倾邹枚。苦笑我夸诞，知音安在哉？大盗割鸿沟，如风扫秋叶。吾非济代人，且隐屏风叠。中望天中望，忆君思见君。明朝拂衣去，永与海鸥群！（《赠王判官时余归隐居庐山屏风叠》）

此诗作于安史之乱爆发次年，所谓"吾非济代人"乃是一句牢骚话。李白屡称"欲献济时策"②，"报国有长策"③，从来是以济世安邦的非凡人物自居的。因当权者不用他，面对乱世感到无能为力，只好归隐，这同另一首诗所说"心知不得语，却欲栖蓬瀛"④意思一样。其实他并不真想归隐，当永王李璘军次浔阳、"辟书三至"时，他便投入永王水军，这才露出来真实的意图："卷身编蓬下，冥机四十年！宁知草间人，腰下有龙泉！浮云在一决，誓欲清幽燕！……齐心戴朝恩，不惜微躯捐！"⑤于水军幕府写下了许多讴歌抗战的诗篇，以为从此可以实现自己济世和报

---

① 请参阅李白《送岑征君归鸣皋山》《留别曹南群官之江南》《送蔡山人》《酬王补阙》《答高山人兼呈权顾二侯》《留别广陵诸公》《留别西河刘少府》《赠宣城宇文太守》等诗。

② 李白《邺中赠王大》。

③ 李白《赠从弟冽》。

④ 李白《赠江夏韦太守良宰》。

⑤ 李白《在水军宴赠幕府诸侍御》。

国的夙愿了。可是,由于统治阶级争夺帝位继承的内部斗争,他成了牺牲品,爱国行动竟以入狱、流放告终。无辜被刑,使他"万愤结缉,忧从中催"①,为此曾写下许多感人的诗篇。请读他流放夜郎途中遇赦时写的一首诗:

> 鲸鲵未剪灭,豺狼屡翻复。悲作楚地囚,何由秦庭哭?遭逢二明主,前后两迁逐。去国愁夜郎,投身窜荒谷。半道雪屯蒙,旷如鸟出笼。……愧无秋毫力,谁念矍铄翁?弋者何所慕,高飞仰冥鸿。弃剑学丹砂,临炉双玉童。寄言息夫子,岁晚陟方蓬。(《书怀示息秀才》)

又是因为政治上的失意,再次产生归隐的幻想,但毕竟只是一种幻想。实际上,他不愿意也不可能归隐。在流放以后的漂泊期间,他继续大喊大叫,一方面为自己的遭遇深感不平,"积蓄万古愤,向谁得开豁?"②同时又为整个国家的命运忧心忡忡,"中夜四五叹,常为大国忧!"③两种思想感情的和谐交融,构成他晚年作品的主要思想特色。更加值得赞美的是,当他六十一岁(临死前一年)时,积极面向人生的热烈感情又一次见诸行动:请读《闻李太尉大举秦兵百万出征东南,懦夫请缨,冀申一割之

---

① 李白《上崔相百忧章》。
② 李白《赠别从甥高五》。
③ 李白《赠江夏韦太守良宰》。

用,半道病还,留别金陵崔侍御》一诗;仅从诗题便能感受到那种激昂慷慨的爱国情绪。

以上所说,其实可以用李白自己的两句诗来概括:"我本不弃世,世人自弃我。"[①]李白诗中流露出对于隐逸生活的单纯向往实在不多(不是没有),经常的情况总是在倾诉了政治上怀才不遇的痛苦之后,于无可奈何中表示归隐的决心,这种抒情永远伴随着对上层社会的揭露和抗议。陶渊明因不愿为五斗米折腰而弃世归隐,实在清高得很。李白则因"济世""济苍生"的抱负和才能无处施展,不得不归隐,其悲剧性更为深刻,亦应更能引起同情。更加重大的区别还在于:李白说要归隐,毕竟没有归隐!他因为政治上受排挤、受迫害而产生弃世归隐的幻想,旋又用大量诗篇和行动否定了这种幻想。

二、李白对历代著名隐家的态度

李白稔悉历史,重视历史经验,并善于借用历史人物抒发自己的抱负。李白诗中最常见的历史人物,一类是曾经做过一番辅佐大业的政治风云人物,另一类便是隐者。

近世有的研究者认为"李白屡以巢由自比",这种说法并不全面。李白诗中提到巢由的地方很多,在不同情况下他对这两位传说中的隐者所持态度是不一致的,下面分别举例并加分析。

[①] 李白《送蔡山人》。

近者逸人李白自峨眉而来，尔其天为容，道为貌，不屈己，不干人；巢由以来，一人而已。（《代寿山答孟少府移文书》）

此文作于出蜀后不久，主要是为抒发"兼济天下"的政治抱负（详后）。自比巢由，则为突出"不屈己，不干人"，说穿了便是抬高从政的身价，与前所说将归隐当从政手段相一致。

贾谊三年谪，班超万里侯。何如牵白犊，饮水对清流。（《田园言怀》）

白若白鹭鲜，清如清唳蝉。受气有本性，不为外物迁。饮水箕山上，食雪首阳巅。（《赠宣城宇文太守兼呈崔侍御》）

前首写作时期无据，从内容推测当系去朝以后作品，后首肯定为去朝以后作品。由于在宫廷受到过排挤和打击，便觉得政治上成败莫卜（举贾谊、班超为例），因而思慕巢由以至夷齐，与前所说因从政失败而产生弃世归隐的幻想相一致。

君思颍水绿，忽复归嵩岑。归时莫洗耳，为我洗其心。洗心得真情，洗耳徒买名。谢公终一起，相与济苍生！（《送裴十八图南归嵩山》其二）

有耳莫洗颍川水，有口莫食首阳蕨，含光混世贵无名，何用孤高比云月。（《行路难》其三）

二首诗均作于去朝以后客居梁宋时期，与上面所举比较，可见李白对巢由、夷齐是批判看待的，既欣赏他们不愿同流合污的节操，却又不满于他们那种弃世绝俗的人生态度。只有谢安那样终于起来"济苍生"的隐者，才是他衷心赞同的。

李白诗中的隐者，夷齐和巢由可列入一组，他对他们的态度没有区别。关于夷齐，上面谈到巢由时已经涉及，下面再举些例子。李白于安史之乱送一个青年参军时，曾用"周粟犹不顾，齐珪安肯分"①勉励对方，将夷齐不食周粟与鲁仲连不受齐封并提，意思是说许身报国不为功名利禄。但在多数情况下，李白对夷齐的不食周粟与对巢由的不受尧官一样，是持否定态度的。下例可证：

  辞粟卧首阳，屡空饥颜回。当代不乐饮，虚名安用哉？（《月下独酌》其四）
  玉盘杨梅为君设，吴盐如花皎白雪。持盐把酒但饮之，莫学夷齐事高洁！（《梁园吟》）
  青云少年子，挟弹章台左。……夷齐是何人，独守西山饿？（《少年子》）

巢由闻尧封而洗耳，已经清高得相当出奇。夷齐更加彻底，既然"普天之下莫非王土"，干脆连周家的饭也不吃，宁可饿死首阳山！如此"高士"，在历史上每受封建士大夫溢美。李白却

---

  ① 李白《送张秀才从军》。

能看穿其虚伪性，讽刺之辛辣，令人想起一千二百年后鲁迅先生所写的《采薇》。

李白对陶潜的态度，大致说来和他对巢由、夷齐的态度是一致的。从现象上看，他对陶潜更感兴趣，诗中提到陶潜的地方比提到别的隐者的地方更多。其原因，一方面固然在于陶潜非但是个著名隐者，也是个著名诗人；另一方面还在于陶潜归隐以前毕竟做过小官，当过彭泽县令，而李白在长期流浪生涯中经常需要同各地州佐县吏往还，为称颂对方便很容易想起陶潜。下例可证：

吾兄诗酒继陶君，试宰中都天下闻。(《别中都明府兄》)

陶令日日醉，不知五柳春。素琴本无弦，漉酒用葛巾。清风北窗下，自谓羲皇人。何时到溧里，一见平生亲。(《戏赠郑溧阳》)

吾爱崔秋浦，宛然陶令风。门前五杨柳，井上二梧桐。(《赠崔秋浦》其一)

崔令学陶令，北窗常昼眠。抱琴时弄月，取意任无弦。见客但倾酒，为官不爱钱。(同上其二)

地白风色寒，雪花大如手。笑杀陶渊明，不饮杯中酒。浪抚一张琴，虚栽五株柳。空负头上巾，吾于尔何有？(《嘲王历阳不肯饮酒》)

现存李白诗咏及陶潜凡二十处，所咏不离琴与酒，于其"不能为五斗米折腰"却从未涉及，并不是偶然的。他欣赏陶潜的洒脱放达，但陶潜的终于弃世究与他的人生观不合。请看他对陶的批评：

> 九日天气清，登高无秋云。造化辟川岳，了然楚汉分。……今兹讨鲸鲵，旌旆何缤纷。白羽落酒樽，洞庭罗三军。黄花不掇手，战鼓遥相闻。剑舞转颓阳，当时日停曛。酣歌激壮士，可以摧妖氛。龌龊东篱下，渊明不足群！（《九日登巴陵置酒望洞庭水军》）

旌旆缤纷，战鼓相闻，气氛何等热烈！剑舞酣歌，情绪何等雄壮！此诗作于流放遇赦归途，虽屡经蹭蹬，年届六旬，报国济世之志犹未稍减，真如曹操所说"烈士暮年，壮心不已"！萧士赟于诗末注云："用武之时，儒士必轻，太白此言其以渊明自况乎？"大谬！实际情形相反，恰恰是用陶潜的局促褊狭衬托自己的宽广襟怀。

李白批评西汉隐者郑子真时讲过两句话，可用以概括如上所说他对巢由、夷齐一至陶潜的看法："苟无济代心，独善亦何益！"①商山四皓在李白歌咏的隐者当中地位要高一些，原因便是他们总算还有"济代心"。

---

① 李白《赠韦秘书子春》。

苍苍云松，落落绮皓。……各守麋鹿志，耻随龙虎争。欻起佐太子，汉皇乃复惊。顾谓戚夫人，彼翁羽翼成。归来商山下，泛若云无情。举觞酹巢由，洗耳何独清？（《山人劝酒》）

白发四老人，昂藏南山侧。……秦人失金镜，汉祖升紫极。阴虹浊太阳，前星遂沦匿。一行佐明圣，欻起生羽翼。功成身不居，舒卷在胸臆。（《商山四皓》）

四皓所辅太子刘盈（惠帝）并不是什么"明圣"，而刘邦终于打消另立太子的决心，真实原因恐怕也并不是有四皓为其羽翼，乃是取决于当时宫廷权力集团之间的斗争。李白之所以对这段典故感兴趣，则为赞赏四皓的"济代心"和义不受辱：因刘邦轻士善骂而亡，因刘盈恭敬爱士而出①。据载，李白入宫时，玄宗李隆基"降辇步迎，如见绮皓"②（指四皓当中的绮里季），这是称赞李隆基爱士；李白遭疏去朝时，在留别翰林同列的诗中最后说"书此谢知己，吾寻黄绮翁"③（指四皓当中的夏黄公和绮里季），则又是谴责李隆基轻士。由此可见，李之称颂四皓，实含有政治目的。

李白称颂东汉隐者严光，同他称颂四皓性质相类，目的在于抬高"士"的身份：

---

① 典故详见《史记·留侯世家》并《高士传》。
② 见李阳冰《草堂集序》。
③ 李白《书怀留别翰林诸公》。

严陵不从万乘游,归卧空山钓碧流。自是客星辞帝座,元非太白醉扬州。(《酬崔侍御》)

松柏本孤直,难为桃李颜。昭昭严子陵,垂钓沧波间。身将客星隐,心与浮云闲。长揖万乘君,还归富春山。(《古风》其十二)

攀天莫登龙,走山莫骑虎。贵贱结交心不移,惟有严陵及光武。(《箜篌谣》)

光武有天下,严陵为故人。虽登洛阳殿,不屈巢由身。余亦谢明主,今称偃蹇臣。(《送岑征君归鸣皋山》)

严子陵是巢由信徒,可不如巢由清高得彻底,他虽然不受官,毕竟还是一度入宫,和汉光武刘秀同榻共寝过①。李白每以严陵自比,实为显耀自己的骄傲,并借以谴责唐玄宗的轻士,含有政治目的。

最符合李白人生理想的隐者是吕尚、诸葛亮、谢安等人,诗中咏及之处甚多,或以自况,或以勉人,用意都十分明显,为省篇幅,仅摘句以见其鳞爪:"他年尔相访,知我在磻溪"②,"如逢渭水猎,犹可帝王师"③,"余亦草间人,颇怀拯物情"④,"余

---

① 典故详见《后汉书·隐逸传》。
② 李白《赠从弟冽》。
③ 李白《赠钱征君少阳》。
④ 李白《读诸葛武侯传书怀赠长安崔少府叔封昆季》。

亦南阳子,时为梁甫吟"①,"蜀主思孔明,晋家望安石"②,"谢公不徒然,起来为苍生"③,"东山高卧时起来,欲济苍生未应晚"④,"暂因苍生起,谈笑安黎元"⑤,"谢公终一起,相与济苍生"⑥,"但用东山谢安石,为君谈笑静胡沙"⑦。以上摘句足以说明:李白经常歌咏吕尚、诸葛亮、谢安以寄托自己的抱负,关键在于他们都是由隐入世,终于做出了一番济世安邦的功业。最有意思的是李白还写过下面两首诗:

> 一身竟无托,远与孤蓬征。千里失所依,复将落叶并。中途偶良朋,问我将何行?欲献济时策,此心谁见明!……紫燕枥上嘶,青萍匣中鸣。投躯寄天下,长啸寻豪英。耻学琅邪人,龙蟠事躬耕;富贵吾自取,建功及春荣!(《邺中赠王大》)

> 玉壶挈美酒,送别强为欢。大火南星月,长郊北路难。殷王期负鼎,汶水起垂竿。莫学东山卧,参差老谢安。(《送梁四归东平》)

---

① 李白《留别王司马嵩》。
② 李白《赠友人》其三。
③ 李白《赠韦秘书子春》。
④ 李白《梁园吟》。
⑤ 李白《书情赠蔡舍人雄》。
⑥ 李白《送裴十八图南归嵩山》其二。
⑦ 李白《永王东巡歌》其二。

由于用世心切，便觉得诸葛亮、谢安的早期归隐也是他无法忍耐的了！后首用伊尹的负鼎入殷和吕尚的弃钓佐周来衬托谢安的偃卧东山，其实是讲不通的：伊尹和吕尚出仕前也有过一段隐居生活。所以，我们不能根据这两首诗的字面，便真以为李白对诸葛亮和谢安有所贬抑。此处的"贬"与上述的褒性质一样，其用意都在表白他的建功立业的决心。

综上所述，李诗中的隐者实可析为三类：一类是以隐终生的巢由、夷齐、郑子真一至陶潜，李白欣赏他们的洁身自好，却不满意他们的独善其身；一类是一度入宫的商山四皓和严子陵，李白称赞他们，目的在抬高"士"的身份，并提醒统治者贵士；一类是由隐出仕，建立过功业的吕尚、诸葛亮、谢安，李白最景慕他们，目的在表白自己的远大抱负。由以上所说李白对三类隐者的不同态度，我们可以得出如下结论：李白的人生理想在从政，不在归隐；李白的归隐从属于他的政治理想，是他从政的一种手段。

三、李白的功成身退思想

李白青年时代抒发抱负时，讲过这样一段话：

> 申管晏之谈，谋帝王之术，奋其智能，愿为辅弼，使寰区大定，海县清一。事君之道成，荣亲之义毕，然后与陶朱留侯浮五湖，戏沧洲，不足为难矣。（《代寿山答孟少府移文书》）

这段话包含两个意思：一是充分发挥个人才智，做一番定国安邦的辅弼大业；二是功成身退。近世有人认为李白这种人生观是"儒家与道家思想的混合"，也就是说，既有儒家的济世，也有道家的避世，是两种思想的混合。可见，李白的功成身退思想也是调和论的重要根据，因此有必要对它进行分析。

李白兼济天下的人生理想固然可以说渊源于儒家，但指出这点是不够的。李白有别于同时代一般士子的特点在于，他终生不考科举不求小官，总想凭借个人才智一举而至卿相，成为左右朝政的风云人物。这种理想的产生，从历史根源上说，主要受先秦策士影响。李白终生景仰、屡以自比的历史人物，绝大多数是春秋战国时代的谋臣策士；他的"好语王霸略，喜谈纵横术"都显然是受这些人物的影响。至于吕尚、诸葛亮、谢安诸人，也是因为其从政道路与先秦策士相类，故李白亦每以自比。

李白并不像大多数先秦策士那样有一套明确的政治主张，所谓"使寰区大定，海县清一"和他在别处所说"安社稷""济苍生"的意思一样，都缺乏具体内容。李白的政治理想，从他所处的历史环境看，其主要特色便表现在上面所说的从政道路上。而他的功成身退思想，正好同他的政治理想和谐一致，是他的政治理想的一个从属部分。首先，从积极方面看，表示功成身退的决心是为抬高自己的从政身份，这从他抒发抱负好以鲁仲连自比看得最清楚：

齐有倜傥生，鲁连特高妙。……却秦振英声，后世仰末

照。意轻千金赠,顾向平原笑。吾亦澹荡人,拂衣可同调。(《古风》其十)

我以一箭书,能取聊城功。终然不受赏,羞与时人同。(《五月东鲁行答汶上翁》)

李白终其一生对鲁仲连称赏不已,直至晚年于永王幕府还说要"功成追鲁连"①,死前一年请缨参军时又提到鲁连②,无非突出其"却秦不受赏"③"成功羞执珪"④的节概。李白自己是否也有这样的节概,是否也像鲁仲连一样对功名富贵毫无兴趣,那是另一个问题。他之每以鲁连自诩,功成前先说出身退的准备,则为表示自己不同于"时人",以期当权者把他当成谋臣策士而加以重用,其用意是明显的。

同时还应当看到,李白的功成身退思想也含有真实的成分。但也并不是出于道家思想,而是出于他从历史和现实政治中汲取的教训:

功成身不退,自古多愆尤。黄犬空叹息,绿珠成衅仇。何如鸱夷子,散发棹扁舟。(《古风》其十八)

---

① 李白《在水军宴赠幕府诸侍御》。
② 见李白《闻李太尉大举秦兵百万出征东南,懦夫请缨,冀申一割之用,半道病还,留别金陵崔侍御十九韵》。
③ 李白《赠从兄襄阳少府皓》。
④ 李白《赠从弟冽》。

吾观自古贤达人，功成不退皆殒身。子胥既弃吴江上，屈原终投湘水滨。陆机雄才岂自保？李斯税驾苦不早。华亭鹤唳讵可闻？上蔡苍鹰何足道。君不见，吴中张翰称达生，秋风忽忆江东行。且乐生前一杯酒，何须身后千载名。（《行路难》其三）

两首均引史说明功成身退的必要。前首以李斯、石崇为反面经验，以范蠡为正面经验。李白诗中对范蠡多有美誉，如"陶朱虽相越，本有五湖心"[1]，无不是称赞他的功成身退。后首则以伍员、屈原、陆机、李斯诸人为反面经验，以因秋风而思归的晋人张翰为正面经验。由此可见，李白的功成身退思想，即使从消极方面看，也并不是近世有的论家所说的"道家思想"，而是他从许多历史人物终遭杀身之祸的血的经验中汲取的沉痛教训！而李白之所以对这方面的历史经验感兴趣，则又有其现实原因：

君不见李北海，英风豪气今何在？君不见裴尚书，土坟三尺蒿棘居！少年早欲五湖去，见此弥将钟鼎疏！（《答王十二寒夜独酌有怀》）

谬挥紫泥诏，献纳青云际。谗惑英主心，恩疏佞臣计。彷徨庭阙下，叹息光阴逝。未作仲宣诗，先流贾生涕。挂帆秋江上，不为云罗制。山海向东倾，百川无尽势。我于鸱夷

---

[1] 李白《留别王司马嵩》。

子，相去千餘岁。运阔英达稀，同风遥执袂。(《答高山人兼呈权顾二侯》)

前首所谈李邕、裴敦复均以天宝六载遭奸相李林甫遣人杖杀（时距李白去朝仅三年），后首则说他自己在长安宫廷遭到谗害和排挤的情形；由于间接和直接感受到的政治环境黑暗，使他重视上述的历史经验，一至想和千年以前的范蠡"同风遥执袂"。由此可见，李白的功成身退思想不但有深刻的历史根源，而且可以从当时社会和李白自己的经历中找到根源。要之，它不是某种先验思想体系的产物，而是血泪可辨的历史和社会生活的产物。

前面谈过，归隐是违背李白的人生理想的，他经常谈到归隐，却始终没有归隐。那么，功成身退对李白来说，便更没有实际意义，他在政治上始终是失败的，既然没有功成，自然谈不上功成身退。值得重视的是他这种思想。如上所说，一方面应当看到这种逃避现实的消极思想有其深刻的社会历史根源；另一方面还应当看到李白并没有被这种消极思想所淹没，只要举出他死前一年还抱病参军的事实便足以证明了！像李白这样一个人，只要不死，便永远离不开他所经常诅咒的现实人生，这正是我们对他的作品感到亲切的一个重要原因。

上面关于李白归隐和他对历代著名隐家的态度及其功成身退思想的分析中，贯穿三个基本观点，实际也就是本文的结论。

一、从积极方面看，李白的隐逸（包括几次短暂隐居、和隐者往来、以历代著名隐家自比）与其屡以功成身退自诩，实为提高政治地位，目的在以谋臣策士出仕。

二、从消极方面看，隐逸与功成身退又是因为从政失败和政治黑暗而产生的真实思想，这种思想在他自己是企图逃避现实（实际上并没有逃避），对于当权的统治阶级却具有深刻的揭露和抗议性质。

三、出世与入世，在李白思想中既不是对立的，也不是并立的，而是前者从属于后者、由后者派生，因此超世说固然与事实相反，调和论亦与事实不符。

以上三点都为说明一个意思：李白始终是个面对现实人生的社会诗人。这不仅可以根据他的生平事迹和大量作品从正面加以说明，而且可以根据他的隐逸从反面加以说明。

隐逸的意义，因时代而异，因人而异，需要具体分析。但无论具体情况如何，它是一种逃避现实的消极人生态度，"苟无济代心，独善亦何益？"这一基本性质不因时代和人而异。屈原、李白和杜甫比历史上所有隐逸诗人、田园诗人、山水诗人都要伟大得多，重要原因之一，便在于他们虽然屡经坎坷沦落，身世非常不幸，对于现实人生却始终抱积极态度，忧心国事，关怀人民，顽强执着，锲而不舍，因而从他们的作品中能够感觉到时代和社会生活的脉搏。对现实人生抱积极态度还是抱消极态度，应是我们衡量古代作家的一个重要标准。正是用这个标准衡量，李白无愧于文学史上最伟大的诗人之列。

论李白的政治抒情诗

政治上的怀才不遇是李白抒情诗中最常见的主题，其本身固然具有重要意义，同时也是了解李白其他作品的基础。本文研究对象，主要是属于这一主题的后期作品。至于前期作品，由于诗人个人抒情所具有的社会性质尚不明显，读起来还显得贫乏、单调，甚至平庸。为使读者对李白同一主题的作品有一个发展的概念，下面先举两首前期作品，以资鉴别。

吴会一浮云，飘如远行客。功业莫从就，岁光屡奔迫。良图俄弃捐，衰疾乃绵剧。古琴藏虚匣，长剑挂空壁。楚怀奏钟仪，越吟比庄舄。国门遥天外，乡路远山隔。朝忆相如台，夜梦子云宅。旅情初结缉，秋气方寂历。风入松下清，露出草间白。故人不可见，幽梦谁与适。寄书西飞鸿，赠尔慰离析。（《淮南卧病书怀寄蜀中赵征君蕤》）

五月梅始黄，蚕凋桑柘空。鲁人重织作，机杼鸣帘栊。顾余不及仕，学剑来山东。举鞭访前途，获笑汶上翁。下愚忽壮士，未足论穷通。我以一箭书，能取聊城功。终然不受

赏,羞与时人同。西归去直道,落日昏阴虹。此去尔勿言,甘心如转蓬。(《五月东鲁行答汶上翁》)

前首作于出蜀后不久的青年时期,后首作于入宫前不久的壮年时期,前后相距约十五年,从这两首可以看出李白前期抒情诗的概貌。从艺术上看,如巧于设比(不云"行客"飘如"浮云",而说"浮云"飘如"行客"),善于捕捉景物特征并以景抒情又赋景以情,惯于借历史人物事迹表白自己(前首以钟仪操南音和庄舄吟越声来表白自己的乡思,后首以鲁仲连的功成不受赏来表白自己的崇高理想),便都是李白诗中的常用手法;从内容上看,诗中抒发的怀才不遇和远大抱负,也都是李白诗中的常见主题。可是,这两首诗并不像同类主题的后期作品那样给人以内容深刻的印象,根本原因在于诗人的个人抒情还比较单纯,从中看不出矛盾冲突,看不出造成他怀才不遇的社会原因。

所谓前后期,二十五年前作者曾将李白入宫(天宝二年)当成分界线[①],现在看来这种分法不够准确,需要加以修正。认为李白入宫后由于有了与最高统治集团直接接触的经验,由于政治理想破灭并对宫廷腐败和政治黑暗的现实有了深刻认识,因而创作上发生了有决定意义的重大变化,这是对的。不过,这种变化在他两年待诏翰林期间所写作品当中还看不出来。那些奉诏而

[①] 见裴斐《谈李白诗歌讨论中的一些分歧意见》,载1956年11月11日《光明日报》。

作的富丽宫词自不必说,便是不多几首书怀赠答之作,思想内容虽然有了变化,总的说来也还没有超出前期作品的局限。兹举一例:

> 晨趋紫禁中,夕待金门诏。观书散遗帙,探古穷至妙。片言苟会心,掩卷忽而笑。青蝇易相点,白雪难同调。本是疏散人,屡贻褊促诮。……功成谢人间,从此一投钓。(《翰林读书言怀呈集贤院内诸学士》)

此诗显系遭谗以后所作,主要抒发他无所作为的苦闷心情和孤高自诩;他的苦闷,近似哀愁,对于"青蝇"(当指谗毁他的宫廷权贵)的不满也表现得缺乏力量。这首诗在李白同期作品当中要算思想倾向最显明的一首,可是与后期作品相比,仍不成熟;实际上属于过渡期的作品,还不算后期作品。我们说两年宫廷生活对李白的思想和创作具有重大意义,这不是从他当时的作品中看出来的,而是从他辞宫以后的作品中看出来的。

严格讲来,李白的创作后期应从他去朝以后,即四十五岁左右开始算起。最后十七年,作品数量远超过前期[①],其质量也使前期作品相形见绌,是李白创作精力最旺盛、创作成就最辉煌的时期。后期作品有别于前期作品的最显著特色,便在于它所具有

[①] 可参阅近人黄锡珪《李太白编年诗集目录》(附于《李太白年谱》)及詹锳《李白诗文系年》,均于1958年由作家出版社出版。

的鲜明政治倾向和深刻社会内容。请读他去朝后不久盘桓梁宋时期的作品：

> 金樽清酒斗十千，玉盘珍羞直万钱。停杯投箸不能食，拔剑四顾心茫然！欲渡黄河冰塞川，将登太行雪满山！闲来垂钓碧溪上，忽复乘舟梦日边。行路难，行路难，多歧路，今安在？长风破浪会有时，直挂云帆济沧海！（《行路难》其一）

《行路难》原是备言世路艰难的乐府旧题，历代拟作不少，唯独到李白手里，那种歧路彷徨的心情才表达得如此生动活泼、波澜壮阔，令人想起元人潘伯修所说"胸中元气诗如海"[①]，这时才出现我们所熟悉的李白！而这个李白与前期李白不同之处，首先在于思想上的成熟，在于他的政治理想已经破灭和对上层社会已感到绝望；这从《行路难》第二首中便能看得更清楚。

> 大道如青天，我独不得出！羞逐长安社中儿，赤鸡白狗赌梨栗！弹剑作歌奏苦声，曳裾王门不称情。淮阴市井笑韩信，汉朝公卿忌贾生。君不见昔时燕家重郭隗，拥篲折节无嫌猜。剧辛乐毅感恩分，输肝剖胆效英才。昭王白骨萦蔓草，谁人更扫黄金台？行路难，归去来！（《行路难》其二）

[①] 潘伯修《题李伯时画太白泛舟小像》。

此首开始可与《古风》二十四"路逢斗鸡者，冠盖何辉赫。鼻息干虹蜺，行人皆怵惕"及《古风》四十六"斗鸡金宫里，蹴鞠瑶台边。举动摇白日，指挥回青天"并读；李白感到在政治上没有出路，首先是因为他不愿意和这些人同流合污。紧接着又以壮志未酬时的冯谖、韩信、贾谊自比，其用意当然是谴责唐玄宗以及排挤他的宫廷权贵。最后一段，则可与《古风》十五并读："燕昭延郭隗，遂筑黄金台。剧辛方赵至，邹衍复齐来。奈何青云士，弃我如尘埃？珠玉买歌笑，糟糠养贤才！"借燕昭王的招贤纳士以衬托当时统治者的轻士。再读下面一首：

有耳莫洗颍川水，有口莫食首阳蕨。含光混世贵无名，何用孤高比云月？吾观自古贤达人，功成不退皆殒身！子胥既弃吴江上，屈原终投湘水滨。陆机雄才岂自保？李斯税驾苦不早！华亭鹤唳讵可闻？上蔡苍鹰何足道。君不见，吴中张翰称达生，秋风忽忆江东行。且乐生前一杯酒，何须身后千载名！（《行路难》其三）

诗人思想感情至为复杂：因为政治上没有出路，前两首末尾已透露出归隐的决心，系第一次反复；此首一开始便对历史上的著名隐者巢由、夷齐表示不满，不愿意步其后尘，此又是一次反复，可是立即又想起伍员、屈原、陆机、李斯诸人丧身的历史教训，深感世情险恶，不如像因秋风思归的张翰那样及早身退，则是第三次反复。最后一次反复的政治含义最为深刻。试问：历代封建王朝,哪一代没有这种政治黑暗的事例?难怪苏轼书《行路难》要把这一段删去①。总结这种历史经验,实为影射现实政治的黑暗;再读五年以后写的《答王十二寒夜独酌有怀》,便能看出李白在政治上是有预见的。此诗过长,兹分段引录:

> 昨夜吴中雪,子猷佳兴发。万里浮云卷碧山,青天中道流孤月。孤月沧浪河汉清,北斗错落长庚明。怀余对酒夜霜白,玉床金井冰峥嵘。人生飘忽百年内,且须酣畅万古情。

将王十二比作王徽之,主要是借王徽之乘兴访戴的著名故事,写出月夜达旦时的美丽景色,并寄托一种卓荦不羁的生活态度。开始这一段,本身并没有实质性内容。可是,下面笔锋一转,出人意料地针对时事发言,好像是抑制不住的愤懑情绪突然爆发:

> 君不能狸膏金距学斗鸡,坐令鼻息吹虹霓。君不能学哥舒横行青海夜带刀,西屠石堡取紫袍。吟诗作赋北窗里,万言不直一杯水!世人闻此皆掉头,有如东风射马耳。

哥舒翰以天宝八载拔石堡城,擒吐蕃四百人,丧唐兵数万,由此加摄御史大夫。李白对此事深恶痛绝,竟把这位开边名将同

---

① 见朱熹《跋东坡书李杜诸公诗》。

长安宫廷的斗鸡小儿等同看待,是有他的道理的。"乃知兵者是凶器,圣人不得已而用之"①,李白对战争不是一概反对,但对于当时唐统治者进行的穷兵黩武的开边战争,他是坚决反对的。据载李白在宫中起草过《和蕃书》,去朝以后又有许多反战诗篇,描写战争造成的社会灾难和给人民带来的深重痛苦。可是,"万言不直一杯水",他的正确见解不受重视,因此非常愤慨。下面进一步抒发自己的愤懑不平并对上层社会进行猛烈抨击:

鱼目亦笑我,谓与明月同。骅骝拳跼不能食,蹇驴得志鸣春风。折杨皇华合流俗,晋君听琴枉清角!巴人谁肯和阳春?楚地由来贱奇璞。黄金散尽交不成,白首为儒身被轻。一谈一笑失颜色,苍蝇贝锦喧谤声。曾参岂是杀人者,谗言三及慈母惊。

此段前部分可与另首诗所说"螟蛉嘲龙,鱼目混珍;嫫母衣锦,西施负薪"②并读,在他眼里的社会便是这样一个黑白颠倒的社会!后部分为自己遭遇鸣不平,则可与"青蝇易相点,白雪难同调"③"白玉栖青蝇,君臣忽行路"④"楚国青蝇何太多,连

---

① 李白《战城南》。
② 李白《鸣皋歌送岑征君》。
③ 李白《翰林读书言怀》。
④ 李白《赠溧阳宋少府陟》。

城白璧遭谗毁"①"白璧何辜,青蝇屡前"②"白璧竟何辜,青蝇遂成冤"③并读;在李白诗中,"青蝇"一词乃是对谗害他的宫廷权贵的代称!无辜被谗,使他在政治上感到绝望,并由此联想起社会上还有比自己遭遇更加悲惨的人:

  与君论心握君手,荣辱于余亦何有?孔圣犹闻伤凤麟,董龙更是何鸡狗!一生傲岸苦不谐,恩疏媒劳志多乖。严陵高揖汉天子,何必长剑拄颐事玉阶!达亦不足贵,穷亦不足悲。韩信羞将绛灌比,祢衡耻逐屠沽儿。君不见李北海,英风豪气今何在?君不见裴尚书,土坟三尺蒿棘居!少年早欲五湖去,见此弥将钟鼎疏!

"孔圣"句宜与另诗所云"君看我才能,何似鲁仲尼?大圣犹不遇,小儒安足悲"④并读,系借孔子不遇以自宽(亦为自伤);下句引用前秦王堕骂董荣(小名"龙")的话,则为表示刚肠疾恶、不与佞幸小人合流。"严陵"句用严子陵与汉光武故事,影射他自己与唐玄宗的关系(严子陵去朝是自愿,他去朝是受迫);若与另诗所云"彼希客星隐,弱植不足援"⑤并读,其含

---

① 李白《鞠歌行》。
② 李白《雪谗诗赠友人》。
③ 李白《书情赠蔡舍人雄》。
④ 李白《书怀赠南陵常赞府》。
⑤ 李白《书情赠蔡舍人雄》。

义便更清楚。"韩信""祢衡"句均为表示才大傲世（此处意思及用韵均与上下不连贯，疑有阙文*）。"李北海"指李邕，"裴尚书"指裴敦复，二人均以天宝六载被李林甫遣人杖杀。颇可玩味的是，本诗以痛斥宫廷斗鸡之徒及哥舒翰发轫，而以伤悼李邕、裴敦复结束，这就透露出这首锋芒毕露的长诗并非无的放矢，乃为针对政治时事而发。《行路难》主要还是借古喻今，这首诗则是直接抨击现实（因为他担忧的事果然发生，历史已重演）。不肖之徒升官晋爵，正直的贤人横遭杀身之祸！这种极端不合理的现象使他怒不可遏，并由此认识到自己的无辜被谗不是偶然的，整个社会便是这样黑暗！恐怕正是因为这种对一般封建士大夫来说未免过分刺激的政治倾向的缘故，这首诗曾被元明李诗注家萧士赟、朱谏、胡震亨毫无根据地疑为伪作①，大谬！从内容上看，诗中所云不但完全切合史实并李白自身经历，其心情之沉痛、情绪之激烈，若非真情实感是断然写不出的；从艺术上看，那种纵横变换的风格也正好是不可模拟的典型李白风格。萧士赟注云："按此篇造语叙事错乱颠倒，绝无伦次，董龙一事尤为可笑，决非太白之作。"其实，李白诗中的条理伦次不在造语，也不在叙事，而在抒情；抓住这个特点，便能看出此诗整个说来脉络清

---

*编者注：作者后来似对"用韵不连贯"问题产生不同看法，于自己藏书上该处批注："误！'儿'与上'悲'同属支韵。"参见《裴斐文集》第2卷，人民文学出版社2013年版，第67页。

① 见萧注《李集》并朱谏《李诗辨疑》、胡震亨《李诗通》。

楚，唯有一处可能传抄中有脱漏，已如上述。至于"董龙"句，原是见之史传的现成话，李白随手拈来，古为今用，也是他惯用的手法；萧士赟因其将骂人粗话入诗而疑为伪托，则不过是表明了他自己的思想局限。李白后期抒情诗在思想上已经达到这样的高度：由于他认识到了自己的怀才不遇不是孤立的、偶然的现象，而是具有普遍的、必然的性质，是由政治黑暗和社会的极端不公平造成，因此他的个人抒情总是伴随着对上层统治集团的猛烈抨击。思想上的成熟也影响到感情色调和艺术风格：后期诗中那种忧愤深广的心情和纵横变换的风格，为前期所罕见，显然是由思想深刻和复杂化决定。为证明李白后期抒情诗普遍具有上述特点，下面再列举一些篇目：《赠从弟冽》《鞠歌行》《雪谗诗赠友人》《邺中赠王大》《书情赠蔡舍人雄》《留别曹南群官之江南》《陈情赠友人》《酬崔侍御》《答高山人兼呈权顾二侯》《赠宣城宇文太守》《书怀赠南陵常赞府》《古风》其三十七；以上各篇大致以年代为序，均为去朝后至安史乱前所作。这些作品和前面所引《行路难》《答王十二寒夜独酌有怀》一样，都是绝好的政治抒情诗，在抒发个人怀才不遇的同时，对当权者的昏庸、腐败、无能与失策揭露无遗，简直把宫廷上下和整个上层社会描写得一团漆黑，并因此产生了大难将临的预感，像"霜惊壮士发，泪满逐臣衣"①"沉忧心若醉，积恨泪如雨"②"燕臣昔恸哭，五月飞秋

---

① 李白《书怀赠南陵常赞府》。
② 李白《陈情赠友人》。

霜；庶女号苍天，震风击齐堂"①"万乘尚尔，匹夫何伤？辞殚意穷，心切理直；如或妄谈，昊天是殛！"②这些无比沉痛的诗句，一方面固然是因个人不幸遭遇而发，同时也是出自对社会前途的忧虑。

李白的政治抒情，除通常采取如上所举的那种比较直接的形式外，有时也采取将神话、传说、历史与现实杂糅一起的比较隐晦曲折的形式。举例如下：

> 我欲攀龙见明主，雷公砰訇震天鼓。帝旁投壶多玉女，三时大笑开电光，倏烁晦冥起风雨。阊阖九门不可通，以额扣关阍者怒。白日不照吾精诚，杞国无事忧天倾！猰貐磨牙竞人肉，驺虞不折生草茎。手接飞猱搏雕虎，侧足焦原未言苦！智者可卷愚者豪，世人见我轻鸿毛；力排南山三壮士，齐相杀之费二桃！吴楚弄兵无剧孟，亚夫咍尔为徒劳。（《梁甫吟》）

诗歌意境出鬼入神，含义却很明显：诗人于时事有所见欲上达而不可得，反获罪于权近。"阊阖九门不可通，以额扣关阍者怒"，显然由屈原"吾令帝阍开关兮，倚阊阖而望予"化出，其情绪比屈原更强烈。"猰貐"是传说中一种人面、牛身、马足的

---

① 李白《古风》其三十七。
② 李白《雪谗诗赠友人》。

食人怪兽，当指为政害民的权奸；"驺虞"系传说中一种不食生物、不履生草的仁兽，则喻诗人理想中的为政者。以下用典，均为抒发自己怀才不遇和惧祸的复杂心情。再举一首：

> 远别离，古有皇英之二女，乃在洞庭之南、潇湘之浦。海水直下万里深，谁人不言此离苦！日惨惨兮云冥冥，猩猩啼烟兮鬼啸雨。我纵言之将何补？皇穹窃恐不照余之忠诚，雷凭凭兮欲吼怒！尧舜当之亦禅禹，君失臣兮龙为鱼，权归臣兮鼠变虎。或云尧幽囚，舜野死，九疑联绵皆相似，重瞳孤坟竟何是？帝子泣兮绿云间，随风波兮去无还。恸哭兮远望，见苍梧之深山。苍梧山崩湘水绝，竹上之泪乃可灭！
>
> （《远别离》）

屈大均称李白"乐府篇篇是楚辞"①，未必然，不过此篇确乎近似《离骚》，却又具有李白自己的风格。关于它的解释，历代说者纷纭，几成聚讼。首尾用皇英二妃泪染湘竹典故，乃为托兴，其实质内容还在中间一段。《唐宋诗醇》曰："此忧天宝之将乱，欲抒其忠诚而不可得也。日者君象，云盛则蔽其明。啼烟啸雨，阴晦之象甚矣。"良是。问题在于，对李白所欲言者"君失臣兮龙为鱼，权归臣兮鼠变虎"作何解？萧士赟以为系因天宝中国权归林甫国忠、兵权归禄山哥舒而言，此为上说之所本；王世

---

① 屈大均《采石题太白祠》其四。

懋、沈德潜却以为系因肃宗时李辅国迁上皇李隆基于西内而作①；陈沆别出心裁，认为此诗盖写李杨悲剧，"长恨歌千言，不如远别离一曲"②。今按：此诗已入殷璠于天宝十二载所编《河岳英灵集》，以上诸说当以萧说为是。李白诗中的这类作品，其意境惝恍莫测，究竟何指？若无确据，可不必拘牵泥滞于具体事实；诗人的思想倾向和情绪总是可以体察的。如以上所举两篇，从中可以明显感到当时唐皇朝那种昏暗、衰败、摇摇欲坠的政治形势以及诗人因为有所见却无可为而产生的愤激心情，这正是诗的核心内容和精华所在。

以上所说两类抒情诗，一明一晦，都是针对政治时事而作，情绪也都非常激越，最能体现李白纵横豪放的一般风格。可是，李白诗不仅内容丰富深刻，在艺术风格和表现手法上亦富于变化，正如朱熹所说："李太白诗不专是豪放，亦有雍容和缓底。"③比如说，为抒发怀才不遇的苦闷，他有时还采取"寄情于物""托物以兴"的寓言方式，这类作品在风格上便显得比较雍容和缓。如：

  松柏本孤直，难为桃李颜。（《古风》其十二）
  桃花开东园，含笑夸白日。偶蒙春风荣，生此艳阳质。

---

① 见王世懋《艺圃撷馀》及沈德潜《说诗晬语》。
② 见陈沆《诗比兴笺》。
③ 朱熹《朱子语类》卷一百四十。

岂无佳人色？但恐花不实。宛转龙火飞，零落早相失。讵知南山松，独立自萧瑟。(《古风》其四十七)

太华生长松，亭亭凌霜雪。天与百尺高，岂为微飙折。桃李卖阳艳，路人行且迷。春光扫地尽，碧叶成黄泥。愿君学长松，慎勿作桃李。受屈不改心，然后知君子。(《赠韦侍御黄裳》其一)

为草当作兰，为木当作松。兰幽香风远，松寒不改容。松兰相因依，萧艾徒丰茸。鸡与鸡并食，鸾与鸾同枝。(《于五松山赠南陵常赞府》)

鸡聚族以争食，凤孤飞而无邻。(《鸣皋歌送岑征君》)

凤饥不啄粟，所食唯琅玕。焉能与群鸡，蹙促争一餐？朝鸣昆丘树，夕饮砥柱湍。归飞海路远，独宿天霜寒。(《古风》其四十)

耻将鸡并食，长与凤为群；一击九千仞，相期凌紫氛。(《赠郭季鹰》)

寄情松柏、鸾凤，首先说明他在政治上的孤高自诩和洁身自好，可由他终生不考科举、不求小官、又不肯阿谀权贵证明；这种骄傲感，同时也是一种孤独感，说明他在黑白颠倒的社会中感到毫无出路，姑为达观的背后隐藏着极深的苦闷与愤怒。总之，既然我们已经了解李白的痛苦均由政治失意而来，这些优美的寓言诗便也可以当作政治抒情诗来读。

如上所说，两年宫廷生活是李白创作史上最重要的转折时期，本文研究对象是他去朝以后的作品。可是到目前为止，列举作品尚未超过安史乱前的范围；这就是说，李白后期，安史之乱又是一个转折点。李白诗歌是随着他的身世坎坷逐渐成熟的，政治上的重大挫折也就是创作上的新的起点。安史乱后李白生命的最后七年，是他政治经历中最悲惨的时期，也是他创作上精力最旺盛、成就最辉煌的时期，最值得后代同情、赞美的时期。为充分阐明这一时期的重要意义，我们还需要回过头去，对他安史乱前的作品再做一点概括的分析。

前面的论述，主要强调李白怀才不遇的个人抒情所具有的政治倾向和社会性质。可是，抒情诗中的主要形象毕竟是诗人自己。既然我们已经从不同角度列举并分析了李白的许多作品，现在便应当回答一个问题：从这些作品中我们所看见的李白究竟是什么样子？除了他那同黑暗、污浊的上流社会形成鲜明对照的杰出的才能、崇高的抱负、峻洁的人格和不幸的遭遇以外，还能看见什么？晚清龚自珍关于李白说过一句值得注意的话："庄屈实二，不可以并，并之以为心，自白始。"[①]龚平生酷嗜《庄子》《离骚》，同时又是李白的崇拜者。李白从思想到艺术均受屈原影响，这是没有问题的。至于李白和庄子的关系，是个相当复杂的问题，这里只扼要加以说明。李白在艺术上曾受庄子散文那种富于想象的浪漫主义风格影响，是极明显的，某些作品甚至还留下摹拟痕迹。从思想上说，李白的放荡不羁、蔑视礼法和权贵以及

---

① 龚自珍《最录李白集》。

他不时流露的隐遁幻想，也显然和庄子接近；但这种接近主要不是出于纯理论的思考，而是出于他的从自身生活经历中产生的直觉力量。"我本不弃世，世人自弃我"①，李白的隐遁并非出于对人生意义的虚无主义见解，相反，他一辈子都在诉说自己有"济世""济苍生"的志向和策略，可是这种抱负无法实现，绝望之余，有时便产生归隐的幻想（这里用"幻想"一词，是为强调李白毕竟并没有归隐），并以此表示他对当政者的抗议与轻蔑；从前面所举《行路难》《答王十二寒夜独酌有怀》中便可清楚看出。李白的傲世与放达，同庄子有相通处，部分可能是从后者受到的影响，主要还是从他自身所处社会地位中产生。就整个人生观而论，李白同庄子大相径庭，可说是正相反对：一个要"济世"，一个要"遗世"。所以说，龚自珍不像在他之前的一些论家那样简单断言李白"纯学庄子"②或"诗宗风骚"③，而是认为李白将《庄》《骚》"并之以为心"，这种见解比起他的前人来实在高明得多。这就是说：他认为李白作品兼有《庄》《骚》的特点；他认为李白对于《庄》《骚》不是单纯摹仿或继承，而是"并之以为心"，加以融化而形成自己的风格；他认为这是很了不起的，因为"庄屈实二，不可以并"，庄子和屈原的人生观原是不相容的（由此可见龚自珍主要是从思想角度而不是从艺术角度立论的）。

---

① 李白《送蔡山人》。
② 徐而庵《说唐诗》。
③ 胡震亨《李诗通》。

李白思想存在非常深刻的矛盾，龚自珍感觉到这点，可是说明得不够充分，也不够正确。如上所述，李白"济世"的人生理想是同庄子的虚无主义背驰的，但出于对现实社会的极端不满，又使他同庄子相通，这种相通之处，简单说来，便是不愿同流合污（此系庄子思想积极一面）；在长期封建社会中，许多知识分子便都是由此接受庄子思想，以至弃世归隐的。李白也向往过归隐，但毕竟并没有归隐。"苟无济代心，独善亦何益？"①这是他批判西汉隐者郑子真时讲的话，其实也可用以说明他对庄子在《逍遥游》中称赞过的巢由以至夷齐等人的看法（李白批判巢由、夷齐处甚多，前面所举《行路难》即其一例）。虽然他由于看清了上层统治集团的黑暗腐败因而对现实社会已经感到完全绝望，可是"济代（世）"之心仍旧非常强烈；这种始终面对现实人生的积极态度，又使他同屈原相通。既不愿同流合污，又不愿独善一身（逃避现实），李白始终坚持的便是这样一个十分困难的立场！（这也是屈原的立场，不过屈原不愿同流合污主要表现于蔑视"群小"和保持自身的高洁；李白超过这个范围，还对许多当时社会公认的秩序和神圣原则表示轻蔑，这方面使他同庄子接近。）这个立场使他终身处于既非官亦非隐的地位，并且面临着两方面的考验：一方面要反抗社会压迫和束缚（包括引诱）；同时又要克服因愤世嫉俗产生的消极思想，坚持"济世"的崇高理想。就是这个矛盾，使李白后期作品显得波澜壮阔、气概非凡，具有深

---

① 李白《赠韦秘书子春》。

刻而凝重的思想；使我们看见了一个既与上层社会对立，又与整个社会息息相关的诗人的形象。不过，应该说，目前为止，我们所看见的这个诗人形象还不够丰满，不够高大。虽然他在思想和艺术上已经完全成熟，已经写出大量脍炙人口的优秀作品，但作为一个真正伟大的诗人，他还需要到更加激烈的社会风暴中去经受考验和锻炼，他所宣言的理想也还需要进一步证实。如果到此改变方向，历史对他的评价将会是另一个样子。值得庆幸的是，李白不属于历史上出现过的那种晚年易辙的诗人，他有始有终，他用晚年的经历和作品给自己一生做了一个光辉的总结。

安史之乱是当时各种社会危机的总爆发，是唐统治者实行的一系列错误政策的直接结果。如上所述，李白早已觉察出危机的存在，对统治者进行过尖锐的揭露和抨击，并因国运日衰和大难将临感到忧愤不已。不幸而言中，安史之乱正是李白预感的证实。这次事件，是一次边将叛乱，又带有民族矛盾性质，绵延八年之久，给社会生产力造成巨大破坏，给人民带来深重灾难，使整个唐代社会从此一蹶不振。毫无疑问，早日平定这次叛乱，使社会恢复安定，便成了当时最迫切、最符合历史发展和人民利益的正义事业。正是在这个紧要的历史关头，李白一反其傲世常态，以在野之人挺身而出，投笔从戎；同那些逃跑者、隐遁者、投降者以及借机钻营晋升者相比，他的行为可谓光明磊落、大气凛然！可是，表现得最好的人遭遇最悲惨，他所得到的酬报竟是监狱和流放长途！也正因为这个缘故，他创作出了堪称不朽的诗篇！遗憾的是，李白晚年这段可歌可泣的经历和作品迄今没有受到足够重视。不少论家和文学史家持有这样一种见解：李白的主要活动在安史乱前，杜甫的主要活动在安史乱后。其实，李白在安史乱后的作品，不仅是他自己创作的高峰，其成就之辉煌，在同时代所有作家当中，恐怕也只有杜甫的同期作品堪与媲美。

李白在安史之乱当中的积极活动，是从参加永王水军开始的。不过，在此之前，这次社会动乱已经在他的作品当中得到了鲜明反映："洛阳三月飞胡沙，洛阳城中人怨嗟。天津流水波赤血，白骨相撑如乱麻。"[①]"秦人半作燕地囚，胡马翻衔洛阳草。一输一失关下兵，朝降夕叛幽蓟城。"[②]他当时身在南方，可是，即使幻想和仙人悠游太空时，也仍然看见沦陷区的景象："俯视洛阳川，茫茫走胡兵。流血涂野草，豺狼尽冠缨。"[③]这种情况使他产生爱国主义的激情："敌可摧，旄头灭，履胡之肠涉胡血！悬胡青天上，埋胡紫塞旁；胡无人，汉道昌！"[④]在同首诗中紧接着又说："陛下之寿三千霜，但歌大风云飞扬，安用猛士兮守四方？"在另首诗中也说"有策不敢犯龙鳞，窜身南国避胡尘"[⑤]，因为自己无法有所作为而对统治者充满怨恨！无可奈何，于是上了庐山，"吾非济代人，且隐屏风叠"[⑥]，这其实是愤激之反词。

---

① 李白《扶风豪士歌》。
② 李白《猛虎行》。
③ 李白《古风》其十九。
④ 李白《胡无人》。
⑤ 李白《猛虎行》。
⑥ 李白《赠王判官》。

失望之余，永王李璘"辟书三至"，当然是一拍即合！可是，关于李白参加永王水军，千二百年来，不是说他"从逆"，便是说"当由迫胁"。其实，永王起兵是否有野心，在我们看来是无关紧要的，历代封建皇朝的皇位继承一向不稳，唐肃宗李亨自己便是趁安史之乱自动即位的，即使李璘有意同他争夺，也很难说谁正谁逆。要之，李璘起兵是以抗敌为号召，李白也是为抗敌参加其幕府。至于为李白开脱的"当由迫胁"说，也站不住脚。李白自己确曾说过他之从璘系由"胁行""迫胁"，一是在他刚从狱中获释向皇帝陈情的奏表中①，一是在他刚从流放途中获释归来写给一位地方大员的诗中②；既然他的入狱和被放均因从璘坐罪，而上述表和诗又都是为了得到朝廷任用，难道他能把自己的从璘说成"自愿"？"胁行""迫胁"显系托词。至于李白从璘的真实思想，还是由他自己的作品说明吧：

> 月化五白龙，翻飞凌九天。胡沙惊北海，电扫洛阳川。虏箭雨宫阙，皇舆成播迁。英王受庙略，秉钺清南边。云旗卷海雪，金戟罗江烟。……卷身编蓬下，冥机四十年。宁知草间人，腰下有龙泉。浮云在一决，誓欲清幽燕！愿与四座公，静谈金匮篇。齐心戴朝恩，不惜微躯捐。所冀旄头灭，功成追鲁连！（《在水军宴赠幕府诸侍御》）

---

① 见李白《为宋中丞自荐表》。
② 见李白《赠江夏韦太守良宰》。

前面描写安禄山叛乱称帝、两京陷落、皇帝逃跑以及永王引师东下的形势，后面抒发他以身报国和功成身退、不受爵赐的崇高抱负（以鲁仲连自比），语言简洁、形象生动，洋溢出少有的舒畅心情，其原因便在"卷身编蓬下，冥机四十年"，现在英雄有了用武之地！他在永王幕中还曾写下不少风格明快的短诗，来讴歌这支抗敌平乱的队伍并抒发自己的抱负，如：

三川北虏乱如麻，四海南奔似永嘉。但用东山谢安石，为君谈笑静胡沙。（《永王东巡歌》其二）

雷鼓嘈嘈喧武昌，云旗猎猎过浔阳。秋毫不犯三吴悦，春日遥看五色光。（同上其三）

二帝巡游俱未回，五陵松柏使人哀。诸侯不救河南地，更喜贤王远道来。（同上其五）

试借君王玉马鞭，指麾戎虏坐琼筵。南风一扫胡尘静，西入长安到日边。（同上其十一）

"为君谈笑静胡沙""指麾戎虏坐琼筵"，都是说一举建立奇功，颇有些纵横家作风，这在李白是一贯的；可见他参加永王军队是抱有极大希望，并且是有信心和决心的。"秋毫不犯三吴悦"，不管是否如实，总是说明他很看重永王的军队，他要依靠这支军队平定叛乱、光复两京。"国耻未雪，何由成名！"[①]这种

---

① 李白《独漉篇》。

乐观、豪迈的爱国热情，代替了他原来那种因政治失意而来的忧郁与愤怒，成为这时期作品的感情基调。可是，这时期很短。永王军队终因唐皇室内部矛盾被击溃，李白无辜受累，从此蒙上不白之冤。他在《南奔书怀》中对永王兵败情形作了生动描述，对这种自相残杀的行为极表愤慨，诗末云："过江誓流水，志在清中原！拔剑击前柱，悲歌难重论！"事后又有《上留田行》以拟古和寓言形式伤悼永王被杀，并对肃宗李亨进行了尖锐谴责；其中"一鸟死百鸟鸣，一兽走百兽惊，桓山之禽别离苦，欲去回翔不能征"当为永王兵溃写照。但把李白在永王兵败以后的悲愤心情表达得最充分、最动人、最完美的，还是入浔阳狱后在狱中所写的《百忧章》和《万愤词》。

> 共工赫怒，天维中摧。鲲鲸喷荡，扬涛起雷。鱼龙陷人，成此祸胎。火焚昆山，玉石相磓。仰希霖雨，洒宝炎煨。箭发石开，戈挥日回。邹衍恸哭，燕霜飒来。微诚不感，犹絷夏台。苍鹰搏攫，丹棘崔嵬。……万愤结缉，忧从中催。金瑟玉壶，尽为愁媒。举酒太息，泣血盈杯。台星再朗，天网重恢。屈法申恩，弃瑕取材。冶长非罪，尼父无猜。覆盆倘举，应照寒灰。（《上崔相百忧章》）

> 海水渤潏，人罹鲸鲵。蓊胡沙而四塞，始滔天于燕齐。何六龙之浩荡，迁白日于秦西。九土星分，嗷嗷悽悽。南冠君子，呼天而啼。恋高堂而掩泣，泪血地而成泥。狱户春而不草，独幽怨而沉迷。……树榛拔桂，囚鸾宠鸡。舜昔授

禹，伯成耕犁。德自此衰，吾将安栖？好我者恤我，不好我者何忍临危而相挤？子胥鸱夷，彭越醯醢。自古豪烈，胡为此繁？苍苍之天，高乎视低。如其听卑，脱我牢狴。倘辨美玉，君收白圭。(《万愤词投魏郎中》)

前首以共工折维、鲲鲸扬波起兴，通篇四言，气势雄伟，极言无辜被刑的悲愤。历数李广、鲁阳公、邹衍故事，均为说明精诚能以感天；可是苍天并不为他的精诚所动，以至仍旧被系狱中。后首开始先描绘当时逆胡叛乱、皇室播迁、国土残破的凄惨景象，紧接着抒发个人的痛苦，呼天抢地，既怨且怒！这两首诗，一"上"一"投"，均为使对方替他推覆清雪，按说语气应该缓和一些。值得赞叹的是，他不惟毫不掩饰自己的百忧万愤，还向掌握着自己命运的当权者挑战。在《万愤词》中最明显：举伯成因夏禹施赏罚而退耕的典故，实为谴责当权者对他用刑；举伍员、彭越的典故，则为谴责当权者残害功臣；"树榛拔桂，囚鸾宠鸡"，你们的社会原是如此呵！更为可贵的是，他的"济世"热忱并未因此泯灭，在狱中还读《留侯传》并鼓励青年投军抗胡①。狱中生活不过一年，他被领兵路过浔阳的御史中丞宋若思释放，立即又加入宋的幕府，参谋军事，随军到了武昌，准备赴河南抗敌；这应当算是李白在安史乱中第二次投军。他在宋若思

---

① 见李白《送张秀才谒高中丞》《送张秀才从军》。

幕府曾以宋的名义向肃宗奏表自荐[①]，还留下其他四篇诗文，"戎虏行当剪，鲸鲵立可诛"[②]，似乎又恢复了在永王军中那种乐观豪迈的心境。大约那份奏表没有发生积极的作用，事过不久，李白便被定罪长流夜郎。从离开宋的军队到被放之前的卧病期间，他还曾向当时的宰相张镐求援，赠给张两首激昂慷慨的长诗："一生欲报主，百代期荣亲。其事竟不就，哀哉难重陈！"[③]"抚剑夜吟啸，雄心日千里。誓欲斩鲸鲵，澄清洛阳水！"[④]这样大声疾呼，仍旧毫无效果，终以从璘被放。在将近一年半的漫长流途中，他写下了不少诗篇。这些诗一般都比较短，大都是即景生情，抒发当时的忧伤："我愁远谪夜郎去，何日金鸡放赦回"[⑤]，"谁念刘越石，化为绕指柔"[⑥]，"三年吟泽畔，憔悴几时回"[⑦]，"平生不下泪，于此泣无穷"[⑧]，"何时入宣室，更问洛阳才"[⑨]；自身的不幸处境，使他想起刘越石的名句，想起屈原和贾谊，心

[①] 见李白《为宋中丞自荐表》。

[②] 李白《中丞宋公以吴兵三千赴河南，军次浔阳，脱余之囚，参谋幕府，因赠之》。

[③] 李白《赠张相镐》其一。

[④] 同上其二。

[⑤] 李白《流夜郎赠辛判官》。

[⑥] 李白《留别贾至舍人》其一。

[⑦] 李白《赠别郑判官》。

[⑧] 李白《江夏别宋之悌》。

[⑨] 李白《放后遇恩不沾》。

情忧伤而又无可奈何,从中感觉不出他惯常那种激越的情绪。流放途中他很少谈政治,偶有例外,那方式也和过去迥然不同。如至德二载十二月朝廷因玄宗返长安"赐民酺五日"(许百姓聚会宴饮五天),时李白已被放,有《流夜郎闻酺不预》一首云:"北阙圣人歌太康,南冠君子窜遐荒。汉酺(此先例由汉文帝始,故云)闻奏钧天乐,愿得风吹到夜郎。"既有讥刺,又为抒情;两相对照,感人至深。整首诗的情绪显得非常平和,又使人想起朱熹所说的"雍容和缓";也许是深沉和更加成熟的表现吧!但读了这样的作品,不禁产生一个疑问:诗人积极干预现实的热情是否已从他心中消失了呢?这个问题可以从他以后的作品中得到解答。李白于流放途中遇上过两次全国大赦,前次因肃宗册立太子,他是"遇恩不沾";二次因关内大旱,总算把他也赦了。当时他正逆水上三峡,到了巫山,"凤凰丹禁里,衔出紫泥书。昔放三湘去,今还万死馀!"①到底是喜悦还是悲愤?这是很难说的。不过,这次变化又将在他的生活和创作中掀起新的波澜,则是肯定的。下面是他遇赦时写的一首诗:

　　……鲸鲵未剪灭,豺狼屡翻覆。悲作楚地囚,何由秦庭哭!遭逢二明主,前后两迁逐。去国愁夜郎,投身窜荒谷。半道雪屯蒙,旷如鸟出笼。遥欣克复美,光武安可同。……愧无秋毫力,谁念矍铄翁?弋者何所慕,高飞仰冥鸿。弃剑

---

　　① 李白《江夏使君叔席上赠史郎中》。

学丹砂，临炉双玉童。寄言息夫子，岁晚陟方蓬。(《流夜郎半道承恩放还，兼欣克复之美，书怀示息秀才》)

你看，他刚获释，便又开始谈政治，谈国家大事！自比申包胥，是为说明他有坚贞的报国志向，被囚被放实出无辜，并同两个皇帝的弃国逃跑形成对照；举汉光武，是为说明光复长安，理当如此（不能像汉光武那样迁都）；自比年老请征的马援（矍铄翁）是为说明自己老而报国之志未衰；"弃剑学丹砂""岁晚陟方蓬"，一方面固然是已经有过陷身罗网的教训，因此幻想如鸿鹄高飞，使弋者无从施巧；但主要还是由于预感到统治者不会用他，"谁念矍铄翁？"以后的事实证明他这预感是对的。但又有什么要紧？既然积极干预现实的热情又重新在胸中升起，自有其发挥作用的地方！李白自己说："去岁左迁夜郎道，琉璃砚水长枯槁。今年敕放巫山阳，蛟龙笔翰生辉光。"① 流放释归，年近六旬，但创作力空前昂扬，沿途写下了无数充满抗争激情的杰作，这才达到他一生创作的光辉顶峰；而《经乱离后，天恩流夜郎，忆旧游书怀赠江夏韦太守良宰》无疑是这顶峰的标志。这首玮丽瑰奇的鸿篇巨制，可当作李白自传读。兹分段摘引如下：

天上白玉京，十二楼五城。仙人抚我顶，结发受长生。误逐世间乐，颇穷理乱情。九十六圣君，浮云挂空名。天地

---

① 李白《自汉阳病酒归寄王明府》。

赌一掷，未能忘战争。试涉霸王略，将期轩冕荣。时命乃大谬，弃之海上行。学剑翻自哂，为文竟何成？剑非万人敌，文窃四海声。儿戏不足道，五噫出西京。临当欲去时，慷慨泪沾缨。

首段说政治抱负并前期行事，辞情豪放，矜而不持。"结发受长生"是假，"颇穷理乱情"是真。"九十六圣君"指历代帝王，浮名虚挂，却使他想起争夺天下古今不免；这就是下面所说"试涉霸王略"和兼习文武的根据。用"学剑"和"为文"概言入京前的经历，既不谈学仙，也不谈游山玩水，便说明他的真实抱负在从政（学剑、为文均为从政做准备）。关于两年宫廷生活，他认为"儿戏不足道"！用轻蔑替代愤慨，这是思想上的成熟，同时也是对过去某些作品中流露出的虚荣心的克服。可是，一想起壮志未酬，又难免痛心。

十月到幽州，戈鋋若罗星。君王弃北海，扫地借长鲸。呼吸走百川，燕然可摧倾。心知不得语，却欲栖蓬瀛。弯弧惧天狼，挟矢不敢张。揽涕黄金台，呼天哭昭王。无人贵骏骨，绿耳空腾骧。乐毅倘再生，于今亦奔亡。

此段说他到了当时东北边疆，亲见安禄山势力坐大（执政者养痈已成），知其必叛，而又无法进言，无能为力；缅怀燕昭王筑黄金台以延纳贤才，也就是谴责唐玄宗不重视贤才；"乐毅"

句是为他辞朝辩解。李白自去朝至安禄山乱前十年间,足遍半个中国,此处仅举北游幽燕一段,值得注意。《赠宣城宇文太守》(作于乱前二年)云"怀恩欲报主,投佩向北燕"(其实他是在"投佩"八年之后才去的),可见去那里并不纯为游览和打猎,实有政治目的;当时所作《至邯郸登城楼览古书怀》中亦有"方陈五饵策,一使胡尘清"句,亦可证。

炎凉几度改,九土中横溃。汉甲连胡兵,沙尘暗云海。草木摇杀气,星辰无光彩。白骨成丘山,苍生竟何罪?函关壮帝居,国命悬哥舒。长戟三十万,开门纳凶渠。公卿如犬羊,忠谠醢与菹。二圣出游豫,两京遂丘墟。

他的担心终成事实!此段描写安史之乱:在这场使人惊心动魄的社会大动荡当中,无辜的人民深受其难;国命所悬的大将开关降敌;而酿成这场大难的罪魁("君王弃北海,扫地借长鲸"已明)却临危逃跑。这不但是关于当时社会状况的一幅相当全面生动的缩写,还表明李白爱国主义具有同情人民和仇恨统治者的鲜明立场。

帝子许专征,秉旄控强楚。节制非桓文,军师拥熊虎。人心失去就,贼势腾风雨。……半夜水军来,浔阳满旌旟。空名适自误,迫胁上楼船。徒赐五百金,弃之若浮烟。辞官不受赏,翻谪夜郎天。夜郎万里道,西上令人老。扫荡六合清,仍为负霜草。日月无偏照,何由诉苍昊?

此段言永王李璘出征和他自己从璘前后的遭遇。他说李璘治军不如齐桓晋文严明、所用将帅亦属熊虎之辈,又说自己从璘系由迫胁,均与当时诗文所说不合。要之,这时李璘谋反已成铁案,李璘本人并谋主多人被杀,李白自己也成了刑余之人,因此他不得不对李璘有所贬抑并对自己从璘有所推托。即使如此,实际上他仍旧赞美了李璘:两个皇帝弃国逃跑,唯永王出征抗敌。("人心失去就,贼势腾风雨",永王兵溃,敌人气焰更嚣张了!)对自己因从璘被刑也是极为愤慨("扫荡六合清,仍为负霜草",志在平乱安国,却反被放逐),最后发出无处申冤的沉痛呼声:

良牧称神明,深仁恤交道。一忝青云客,三登黄鹤楼。顾惭祢处士,虚对鹦鹉洲。樊山霸气尽,寥落天地秋。江带峨眉雪,川横三峡流。万舸此中来,连帆过扬州。送此万里目,旷然散我愁。……览君荆山作,江鲍堪动色。清水出芙蓉,天然去雕饰。……登楼坐水阁,吐论多英音。片辞贵白璧,一诺轻黄金。谓我不愧君,青鸟明丹心。

此段写他和韦良宰在江夏的交游:登楼怀古,观览江色;他又称赞对方的作品和轻财好义的人品。长江景色写得既有气派,而又清丽明媚、生意盎然,读之令人神驰,足见李白风格之另一面。"清水出芙蓉"二句（实由钟嵘"芙蓉出水"化出）更是李白诗中名句；韦良宰诗无传，倒是可以用来形容他自己的某些作品。此段内容和风格均与全诗迥异，可视作长篇政治抒情当中的美妙点缀，也是必要的停顿和转折。又，前人解此诗，均以此段记流放遇释归至江夏时事，疑非是；应为回忆当初流放过江夏时事，方可与下段通。

  五色云间鹊，飞鸣天上来。传闻赦书至，却放夜郎回。暖气变寒谷，炎烟生死灰。君登凤池去，勿弃贾生才。桀犬尚吠尧，匈奴笑千秋。中夜四五叹，常为大国忧！旌旆夹两山，黄河当中流。连鸡不得进，饮马空夷犹。安得羿善射，一箭落旄头！

最后一段，写释归后的抱负，悲凉慷慨，句句动人。韦良宰可能将由江夏太守晋升京职（此人生平不详），所以李白托他斡旋，使能如贾谊一样重返长安。当时安禄山已死，史思明势力仍颇猖獗，洛阳再次陷落。"匈奴"句借单于笑田千秋事喻当时朝中无人；"连鸡"二句指诸节度使互相掣肘，犹豫不前。这种形势使他为国担忧，这便是要去长安的理由。"旄头"，胡星，喻史思明；他希望能有后羿射日的本领，把这颗胡星射落，为民除患。当时李白正好六十岁，这首诗不仅是他个人一生的光辉总结，也是当时社会的一幅精彩画卷！他的个人命运已经同整个社会的命运紧密相连。李白生命的最后两年，漂泊于洞庭、潇湘和长江下游沿岸,由于统治者始终不肯用他,经济上的困苦自不必说,最值得同情的还是政治上的苦闷:"积蓄万古愤,向谁得开豁?"①"长叫天可闻,吾将问苍昊!"②这种因为感到整个社会没有出路发出的深刻而感人的呼声,既是由个人生活经历而来,也是出于对命运更加悲惨的劳动人民的同情。"惨戚冰雪里,悲号绝中肠。尺布不掩体,皮肤剧枯桑。"③"老母与子别,呼天野草间。白马绕旌旗,悲鸣相追攀。"④这种景象使他心情非常矛盾:"何日王道平,开颜睹天光?"⑤同时他又鼓励这些入伍新兵英勇作战。正是这种残酷无情的现实,使他彻底批判了弃世归隐的幻想。李白过去对巢由夷齐以及郑子真诸人都已经有过批评,唯独对陶潜始终持欣赏态度,从无贬辞;这时却认为"龌龊东篱下,渊明不足群!"⑥当他六十一岁时,还鼓励朋友学习管仲、乐毅,"终与同出处,岂将沮溺群"⑦,不可与沮溺辈同群。也就是在这一年(临死前一年),他又一次以刑余之身请缨参军!请读下面这首诗:

---

① 李白《赠别从甥高五》。
② 李白《荆州贼乱临洞庭言怀作》。
③ 李白《北上行》。
④ 李白《豫章行》。
⑤ 李白《北上行》。
⑥ 李白《九日登巴陵置酒望洞庭水军》。
⑦ 李白《赠何七判官昌浩》。

秦出天下兵，蹴踏燕赵倾。黄河饮马竭，赤羽连天明。太尉杖旄钺，云旗绕彭城。三军受号令，千里肃雷霆。函谷绝飞鸟，武关拥连营。意在斩巨鳌，何论鲙长鲸。恨无左车略，多愧鲁连生。拂剑照严霜，雕戈缦胡缨。愿雪会稽耻，将期报恩荣。半道谢病还，无因东南征。亚夫未见顾，剧孟阻先行。天夺壮士心，长吁别吴京。……旧国见秋月，长江流寒声。帝车信回转，河汉复纵横。孤凤向西海，飞鸿辞北溟。因之出寥廓，挥手谢公卿。（《闻李太尉大举秦兵百万出征东南，懦夫请缨，冀申一割之用，半道病还，留别金陵崔侍御十九韵》）

李光弼在安史乱中系屡立战功的名将，当时出镇临淮是为防止史朝义南侵。李白出于爱国热肠，用雄劲沉着的笔触极力渲染李军军容之盛，并寄予恢复中原和踏平敌巢的殷切希望。而在谈到他自己时，虽然仍以济世安邦的策士自任，却表达得比较谦逊含蓄，不再像过去那样目空一世；这一方面固然是说明阅历和思想的成熟，同时也透露出老境悲凉。特别是最后写他因病阻行和辞别金陵时，更是情景凄切、余音不绝，读后令人为之唏嘘。李白因病与穷困离开金陵，去投靠当涂县令李阳冰，第二年便死在当涂。关于李白之死，历来有因酒醉下水捉月而溺死的传说，此说最早见于五代人记载，到明清还有许多人继续传播，这些传播者多半出于好心：不能让李白死得太平凡！其实，李白以六十一岁高龄扶病请缨，"冀申一割之用"，用以结束流离坎坷的一生，其本身便极不平凡！何必蛇足？而那些好心人宁肯相信酒醉溺死之说，则说明他们对李白并不真正了解。酒在李白诗中固然占有重要地位，但地位最重要的还是政治。

若将李白安史之乱前后的作品加以比较，可以看出他是个言行一致并且始终如一的人，他的"济世"理想并非徒作壮语，而是有行动证实并且坚持到底的，这是一方面。另一方面，剧烈的社会动荡又使他的思想和创作发生了深刻变化。前面讲过，李白思想上存在一个无法克服的矛盾：一方面愤世嫉俗，不愿同流合污；同时又有强烈的"济世"热肠，不愿独善一身。安史之乱中，他思想上又出现另一个同样是无法克服的矛盾：一方面对唐统治者怀有新仇旧怨，极不信任，对于他们的弃国逃跑、自相残杀和"囚鸾宠鸡"充满愤恨；但大敌当前、民族危亡，出于爱国热肠并因历史条件所限，又只能把平乱复国的希望寄托在腐败无能的统治者身上。前后两种矛盾，非常明显，后者既是前者的继续，而又有所变化；这种变化，简单地讲，便是前者从个人出发，后者从社会出发。正是这个缘故，使他晚年作品具有政治色彩更浓和社会内容更丰富的特点。从艺术风格上看，李白除始终保持如元稹所说的"壮浪纵恣，摆去拘束"的特点外，在他晚年作品中还出现了沉着顿宕的新风；这是艺术上炉火纯青的表现，同样也反映出人生经验和思想上的成熟。

通过以上对李白作品所作的分析，意在着重提出下述三个看法：

一、李白创作天才有其先天资质的因素，我们承认这种因素的存在，但认为对它进行研究不仅毫无意义也是不可能的；应当研究的是造成这种天才的个人思想和社会原因。只要把李白创作当作一个发展过程来分析，便不难看出，他的思想和艺术都是随着社会和个人经历的变化逐渐成熟的。入宫两年是他一生当中的重大转折，由此分出前后期，他的个人抒情具有深刻的社会政治性质主要在后期；而安史之乱又使他的后期进入一个更加辉煌的阶段。由这个认识出发，本文研究对象仅限于后期作品，并特别重视他的晚年作品。

二、李白所处时代是中国封建社会繁荣发展的高峰，同时也是它盛极而衰的起点。唐代开宝年间在政治、经济、文化方面呈现出的繁荣局面，对于李白早期性格、政治抱负的形成以及文化修养肯定发生过良好影响；但是他的作品绝不是所谓"盛唐气象"的反映。作为一个怀有积极人生理想的浪漫主义诗人，李白不是面向过去，而是面向未来的。他站在当时社会所处的时代顶峰，看见的不是更加美妙的前景，而是黑暗的深渊；这种预见很快变成现实。天宝末年发生的安史之乱，绵延八年，使全国人口减少将近十分之七，由此便可看出这次社会动乱造成破坏之惨重。而安史之乱的发生，不是偶然的、突然的，它有一个酝酿过程，是唐统治者的腐败无能以及他们在政治、经济、军事上的一系列错误政策造成的恶果；否则，这次事件便不会发生，纵然发生也不会造成那样巨大的破坏，以致使整个社会从此一蹶不振。李白后期的政治抒情诗，便深刻地反映了这次动乱从酝酿到发生的全过程，深刻地反映了中国封建社会由盛到衰的这个历史转折时期。还应当强调的是，这种反映不是客观主义的，更不是为统治者失去的天堂唱挽歌。相反，诗人对皇帝、当政者、宫廷权贵以至整个上层社会都始终抱着不信任的、既轻蔑又愤恨的态度，对他们进行了在那个时代是非常罕见的大胆揭露和抨击；对于深受压迫的人民，则是充满同情，不但写出了许多像"白骨成丘山，苍生竟何罪"这样悲痛感人的诗句和诗篇，更主要的是，他对统治者发出的愤怒抗议也表达了当时广大人民的利益和情绪。正因为具有这种进步的政治立场，他的作品才可能正确地反映那个重要的时代。

三、李白政治抒情诗不但深刻地反映了一个时代，同时也鲜明地表现出他自己。关于李白的艺术个性，历史上曾经有过许多精彩的描绘。但是，在李白与社会的关系这个关键问题上，历史作出了歪曲的描绘，如《旧唐书》说他"飘然有超世之心"，《新唐书》说"白晚好黄老"，等等。这种歪曲，或出有意，或出无心，其阶级根源姑置不论，从认识根源上说，则是由于对李白思想中存在的矛盾了解不全面或不正确。在我看来，李白思想上的矛盾，归根结底，是当时尖锐复杂的社会矛盾的一种反映，因此它是随着社会形势变化而变化的；要之，这种矛盾不但没有把李白引向归隐，引向逃避现实，反使他在任何逆境中始终保持的"济世"热情显得更加可贵，更加感人。用现代术语说，李白不仅在文学上是个浪漫主义者，在政治上也是个缺乏现实感的理想主义者。他有很大的政治抱负，他的抱负和他所采取的从政道路在当时社会是肯定行不通的，但他始终坚持自己的理想，既不向现实屈服，也不逃避现实，顽强执着，坚持到底。李白一生颠沛流离均由从政失败而来，而他在文学上的成功也是由这种失败而来。

以上三点均为强调李白作品的思想性，强调李白和社会政治的密切联系。

李白还有许多脍炙人口的名篇，诸如《将进酒》《蜀道难》《梦游天姥吟留别》《月下独酌》《望庐山瀑布》等等，本文根本没有涉及。正如标题所表明的，本文不是全面研究李白作品，只是研究其中一部分。强调李白政治抒情诗的重要性，并不含有贬低李白其他作品的意思，倒是想为研究和欣赏其他作品提供一个坚实的基础。

李白喜欢把那些在政治上谗毁他的人称作"青蝇"，自然是为表示轻蔑。其实何止几个"青蝇"？他的作品表明，压在他身上的乃是一个推也推不动的庞然大物——黑暗的封建制度！李白处在他的历史时代不可能设想什么新制度，但他确曾对现制度的残酷、腐朽与虚伪性有所批判。这不奇怪，封建时代许多优秀诗人都对现制度有所批判，不过李白在这方面更突出而已。李白不单对它有所批判，而且已经感觉到它是一种不堪忍受的重负，"积蓄万古愤，向谁得开豁？"正是这种无比深沉有力的呼声，使他与构成社会大多数、处于社会最底层的广大人民发生共鸣。总的说来，李白作品的深刻性及其宝贵价值，恐怕可以从这个角度去认识？这一点应该是没有疑义的。

从李白饮酒诗看诗人性格及其思想矛盾

不管你喜不喜欢,事实终归事实:从中国文学史上你很难举出个不喝酒的诗人,无论谁,诗里总有点酒。可是,谁喝酒也没有号称"醉圣"和"酒仙"的李白出名。大概将宋代诋李的道学家除外,历代人对李白的酒都是很感兴趣的。有唐以还,历代描写李白的稗史、小说、戏曲、图画以及歌咏李白的诗篇,绝大多数以酒为题或与酒有关;"太白酒楼"和"太白遗风"的酒旗曾布及全国以至穷乡僻壤。喝酒诗人虽多,能以酒流芳后世的,李白恐怕是独一位。

鲁迅先生谈到魏晋文人喝酒时说:"嵇康阮籍的纵酒,是也能做文章的,后来到东晋,空谈和纵酒的遗风还在,而万言的大文如嵇阮之作,却没有了。"[①]只靠喝酒断然成不了气候。李白"会须一饮三百杯"[②],"愁来饮酒二千石"[③],虽属夸张之辞,想

[①] 鲁迅《魏晋风度及文章与药及酒之关系》,见《而已集》。

[②] 李白《将进酒》。

[③] 李白《江夏赠韦南陵冰》。

必也相当能喝。但他之受人注意，关键还在诗写得好。孟棨《本事诗》记李白于宫中扶醉填词，把那种"拜舞颓然"的醉态渲染得相当生动，但传神之处仍在"取笔抒思，略不停缀，十篇立就，文不加点"；否则，如果只看见他在唐玄宗面前"拜舞颓然"，结果写不出东西或写得很糟，人们断不会欣赏这么个蠢材。自古惺惺惜惺惺，杜甫曾用两句诗概括李白一生："敏捷诗千首，飘零酒一杯。"[1]若非"诗千首"，谁怜"酒一杯"？明人程大约有首歌咏李白的七律，其颔联可与上述杜甫名句媲美："一代诗名谁与共？千秋酒态自堪怜。"[2]酒态堪怜，缘由诗名。不过，据此还不足以说明李白酒名显赫的原因。

历史上固不乏以酒傲世而实无文采的蠢材，诗酒兼善者却也大有人在，杜甫即其一例。最近有人做过调查，证明杜甫喝酒比李白还凶，但历代歌咏杜甫的诗很少写他喝酒，也没有关于他喝酒的故事轶闻流传，也未听说过"少陵酒楼""少陵遗风"。再如阮籍可以连醉六十日，陶渊明诗不离酒，也都是作诗的大家；历史上却也没有留下关于他们喝酒的纪念。可见，人们唯独对李白的酒感兴趣，关键既不在他酒喝得多，也不在他诗写得好，而在他的饮酒诗表现出一种受人喜爱的性格。这种性格，是容易感受到的，要加以正确说明，便需要对他的作品做一番分析。

李白不仅诗不离酒，还有许多专为咏酒的名篇。下面先举一

---

[1] 杜甫《不见》。

[2] 程大约《采石阻风谒太白祠》。

首"酒隐安陆,蹉跎十年"期间的作品:

> 落日欲没岘山西,倒着接䍦花下迷。襄阳小儿齐拍手,拦街争唱白铜鞮。傍人借问笑何事?笑杀山公醉似泥。鸬鹚杓,鹦鹉杯,百年三万六千日,一日须倾三百杯!遥看汉水鸭头绿,恰似葡萄初酦醅。此江若变作春酒,垒麹便筑糟丘台。……咸阳市中叹黄犬,何如月下倾金罍?君不见晋朝羊公一片古碑材,龟头剥落生莓苔。泪亦不能为之堕,心亦不能为之哀。清风朗月不用一钱买,玉山自倒非人推!舒州杓,力士铛,李白与尔同死生!襄王云雨今安在?江水东流猿夜声。(《襄阳歌》)

"山公",指西晋山简,和他父亲山涛一样,是个既能做官又以纵酒放达闻名的人物,据载他以征南将军镇襄阳时,曾有这样的民谣:"山公时一醉,径造高阳池(酒池)。日莫倒载归,茗艼无所知。复能乘骏马,倒著白接䍦(白帽)。"①李白此诗以歌咏山简起兴,实为自画像,把那俜狂放诞的醉态和醉中想象描绘得异常精彩。所举李斯、羊祜、楚襄王典故,其本身含义不同,在诗里均为说明世态炎凉,故应及时行乐,这便是整首诗的中心思想。关于这种思想的评价是个相当复杂的问题,需要具体分析。这首诗,从中看不出造成这种思想的社会原因(李斯典故比

---

① 见《世说新语·任诞》。

较重要，但被羊祜典故冲淡，因此显得与中心思想没有联系），故难加以肯定评价。不过，这首诗引人注意的并不是及时行乐的思想，而是它所具有的清新明快的民歌风格以及一系列大胆活泼、充满生气的想象；从中看见的诗人形象，是热情、天真、才华横溢而又放荡不羁的，这正是他受人喜爱的一个重要原因。然而，这种性格在李白还不是最典型的，或者说还是不成熟的。请再读他以后的作品：

> 花间一壶酒，独酌无相亲。举杯邀明月，对影成三人。月既不解饮，影徒随我身。暂伴月将影，行乐须及春。我歌月徘徊，我舞影零乱。醒时同交欢，醉后各分散。永结无情游，相期邈云汉。（《月下独酌》其一）
>
> 穷愁千万端，美酒三百杯。愁多酒虽少，酒倾愁不来。所以知酒圣，酒酣心自开！辞粟卧首阳，屡空饥颜回。当代不乐饮，虚名安用哉？蟹螯即金液，糟丘是蓬莱。且须饮美酒，乘月醉高台。（同上其四）

此诗（共四首，选其中二首）同样歌咏及时行乐，具备风格清快和富于想象的特点，却显得比《襄阳歌》更有深度：前首的绝妙奇想和优美意境中透出深深的孤独感，后首更有"愁"字（此系李白后期诗中最常见的词汇）脱颖而出。观澜索源，诗人的孤独感和愁绪从何来？此诗在缪刻宋本李集题下注云"长安"，据此近人黄锡珪、詹锳为李诗编年时均将此诗系于天宝三载，可信。由此可知诗中苦闷情绪缘由政治失意,是诗人在宫廷受谗遭疏的思想反映。后首对隐者和神仙表示轻蔑,则说明诗人虽然对社会现实深感失望,却又不愿弃世。这种矛盾既是李白一生不幸的原因,也是他成为一个伟大诗人的原因。不过,这种矛盾所具有的社会政治色彩在《月下独酌》中表现得还不够鲜明。两年待诏翰林是李白一生中的重大转折时期,由于从政失败并有了同最高统治集团直接接触的经验,他的思想创作发生了重大变化;但这种变化要从他辞宫以后的作品中才能看出来。下面所引这首诗,便是诗人去朝后"十载客梁园"期间的作品,标志着李白思想艺术的全面成熟:

君不见黄河之水天上来,奔流到海不复回。君不见高堂明镜悲白发,朝如青丝暮成雪。人生得意须尽欢,莫使金樽空对月!天生我材必有用,千金散尽还复来。烹羊宰牛且为乐,会须一饮三百杯。岑夫子、丹丘生,将进酒,杯莫停。与君歌一曲,请君为我倾耳听:钟鼓馔玉不足贵,但愿长醉不用醒!古来圣贤皆寂寞,惟有饮者留其名。陈王昔时宴平乐,斗酒十千恣欢谑。主人何为言少钱,径须沽取对君酌。五花马,千金裘,呼儿将出换美酒,与尔同销万古愁!(《将进酒》)

对于这篇思想感情极为复杂的作品,不妨先从它的外部结构谈起:开始两句,是比,也是兴,本身又很可能是面对黄河的实写（赋）；它巧妙地引出了人生若梦的主题，并赋予惊心动魄的悲剧气氛；以下歌咏及时行乐，纵横变幻，通篇不离酒。可是酒在诗里已经不占重要地位，而让位给诗人歌咏的主题。这个主题，在《襄阳歌》和《月下独酌》中犹如潜伏着的小溪静静流淌，在《将进酒》中便如大江大河波涛汹涌，你无法回避，必须对它做出评价。人生若梦和及时行乐本身是一种消极思想，但李白产生这种思想有其深刻的社会原因。诗中虽然没有直接谈到任何社会问题，却流露出一种极为深沉的忧郁而愤怒的情绪，这首先是诗人当时在政治上遭到严重挫折的思想反映。不仅如此，只要再回忆一下他同时期所写的大量政治抒情诗，回忆一下他对皇帝、权贵以至整个上层社会的猛烈抨击和揭露，便可明白他不仅感到个人在政治上没有出路（"大道如青天，我独不得出；羞逐长安社中儿，赤鸡白狗赌梨栗！"[①]），而且觉得整个社会荒谬至极（"蝘蜓嘲龙，鱼目混珍；嫫母衣锦，西施负薪！"[②]），因此觉察出唐帝国盛极而衰的必然趋势（见《古风》其四十六），并对自己的预见深信不疑（"如或妄谈，昊天是殛！"[③]）。以上借鉴足以说明，正是出于对当时社会政治的极端不满和失望，他才对人生意义产生怀疑，从而得出人生若梦的消极结论。也正是由于这个原因，他曾经向往过隐士和神仙的生活，但这种生活终

[①] 李白《行路难》其二。

[②] 李白《鸣皋歌送岑征君》。

[③] 李白《雪谗诗赠友人》。

究与他的人生理想不符:"苟无济代心,独善亦何益?"①既不愿同流合污,又不愿独善一身,于是只好在及时行乐中追求精神上的暂时解脱。要之,李白对当时社会的看法是悲观的,但他的人生态度是积极的,这种矛盾使他非常痛苦,也使他的作品气势磅礴、震撼人心。"但愿长醉不用醒!"从字面看来极为颓废,可它并不使人产生颓废感觉,反使人产生奋发的情绪,原因就在它是诗人的"济世"热望无法实现时发出的愤激之词,背后隐藏着对现实社会的强烈不满和愤怒抗议。整首《将进酒》均应由此理解。

《将进酒》在李白以饮酒为题材的作品当中是最好的一篇,好就好在它不仅完美地显示出了诗人的性格及其思想上的矛盾,而且这种性格和思想矛盾同社会政治发生了深刻联系。应当说,这是李白后期作品的普遍特点。为省篇幅,简要言之,在李白后期作品中"酒"与"愁"几乎永远分不开:"人生达命岂暇愁,且饮美酒登高楼"②,"涤荡千古愁,留连百壶饮"③,"抽刀断水水更流,举杯消愁愁更愁"④,"愁来饮酒二千石,寒灰重暖生阳春"⑤;如上所说,这些"愁"系政治失意而来,并包含着诗人思想上的矛盾:对现实社会已经感到极度失望,却仍旧不肯抛弃

---

① 李白《赠韦秘书子春》。
② 李白《梁园吟》。
③ 李白《友人会宿》。
④ 李白《宣州谢朓楼饯别校书叔云》。
⑤ 李白《江夏赠韦南陵冰》。

"济世"的理想。只有了解这种矛盾及其产生的社会政治原因，才能真正了解李白并对他的作品做出正确解释。

黑格尔说香槟酒产生不了灵感，其实李白爱喝的玉浮粱也产生不了灵感。虽说他"斗酒诗百篇"，创作灵感的真正来源不是酒，而是社会生活。

人们欣赏李白的饮酒诗，不是因为对酒感兴趣，而是因为以饮酒为题材的作品往往最能代表李白的思想和艺术个性，人们是对他的个性感兴趣。这种个性并没有固定不移的模式，而是随着社会和诗人经历变化变化的。前期作品引人注意的，是诗人热情、天真、跌宕不羁的性格以及他那种豪放、飘逸和想象大胆的艺术风格。在令人窒息的封建社会，这种个性风格本身便具有批判现实的意义。后期作品的最大变化是出现了忧愤深广的感情色调，它充分表现出诗人对现实社会的强烈不满和反抗，具有鲜明的政治倾向，并完全符合当时唐代社会"山雨欲来"的时代气氛。思想感情的变化反映在艺术风格上，便出现了纵横变幻、惝恍莫测的新风。

还必须着重谈一个问题：李白的饮酒诗一般均以歌咏人生若梦和及时行乐为主题，这种主题在后期作品中尤为突出；这是一个无法回避、不应回避、也不用回避的事实。在对《将进酒》的分析中我们主要强调两点：一、这种思想与李白总的人生理想并不相符，李白一生经历和全部作品表明他始终是个积极面世并怀有强烈政治抱负的诗人。二、李白产生这种思想有其深刻的社会政治原因，同时反映出他自身思想上无法解决的矛盾：既不愿同流合污又不愿独善一身。因此，这种歌咏实际引向对现存社会秩序的怀疑和否定，并使我们对诗人的痛苦充满同情。但是，情况并非永远如此。当这种歌咏失去社会政治色彩，变成关于人世无常的单纯感叹时，在我们看来便没有积极意义，只有消极意义；例如《对酒》《前有樽酒行》《春日醉起言志》《拟古》（其三、其四）便属于这一类作品。最后还要强调一点：即使在那些积极意义占主导地位的作品中，人生若梦和及时行乐的思想本身也仍然是诗中的消极成分；不言而喻，在我们高度赞赏的《将进酒》中也存在这种消极成分。实际情况就是这样：李白作品中不但有消极成分，这种消极成分还经常出现在他的辉煌杰作中！

宋代诋李的道学家把纵酒当成李白人品"污下"的证据之一，根本原因是李白的思想性格有违于他们崇奉的礼法。我们的观点同宋代道学家大不相同，可说是截然相反。不过，用我们的观点衡量，李白也并不是仙鹤式的人物。仙鹤式的人物在人世间是不存在的，只存在于某些人头脑中。我们可以用自己的观点评价古人，可不能用自己的观点"改造"古人。

李白山水诗中的情与景

山水本身不能成为艺术品，山水画可能成为艺术品，原因便是山水画里熔铸进了画家的思想感情。一样山水，在不同画家笔下绝无雷同，原因便是作者思想感情不同，因而构思不同。绘画固然需要熟练技巧做基础，但决定绘画优劣主要不在技巧而在构思。缺乏构思的绘画，即使做到照相般酷肖自然，也不能成为艺术品（相反，经过构思的照相倒是可能成为艺术品）。人们习用"如临画景"极言自然景色之美，此即证明艺术美高于自然美。而艺术美的灵魂便是作者的思想，没有思想便没有艺术。直接用颜色描绘自然的山水画尚且如此，用语言描绘自然的山水诗更其如此。李白不是山水诗人（他主要是个政治抒情诗人），但他的山水诗远远超过一般山水诗人的成就，关键便在它有丰富的思想。这种思想，当然不是通过抽象议论，而是通过生动的形象构思呈现的。

李白漂泊一生，周流范围之广，历代诗人无出其右者。长江南北、黄河上下，所有知名山川，你很难举出一处李白没到过。可是，非常有趣，恰恰是《蜀道难》这篇阅千二百年举世公认的绝唱，竟是诗人凭想象虚构的产物！它不是写生，而是典型的艺术创造，因此也最能代表李白的风格。为了论证上面所说李白山水诗的特点，不妨先花点篇幅，从欣赏这一名篇开始：

> 噫吁嚱，危乎高哉！蜀道之难难于上青天！蚕丛及鱼凫，开国何茫然。尔来四万八千岁，不与秦塞通人烟。西当太白有鸟道，可以横绝峨眉巅。地崩山摧壮士死，然后天梯石栈相钩连。上有六龙回日之高标，下有冲波逆折之回川。黄鹤之飞尚不得过，猿猱欲度愁攀援。青泥何盘盘，百步九折萦岩峦。扪参历井仰胁息，以手抚膺坐长叹！问君西游何时还？畏途巉岩不可攀。但见悲鸟号古木，雄飞雌从绕林间；又闻子规啼夜月、愁空山。蜀道之难难于上青天！使人听此凋朱颜。连峰去天不盈尺，枯松倒挂倚绝壁。飞湍瀑流争喧豗，砯崖转石万壑雷！其险也若此，嗟尔远道之人胡为乎来哉？剑阁峥嵘而崔嵬，一夫当关，万夫莫开；所守或匪亲，化为狼与豺。朝避猛虎，夕避长蛇。磨牙吮血，杀人如麻。锦城虽云乐，不如早还家！蜀道之难难于上青天！侧身西望长咨嗟。

始以悲壮的咏叹凭空起势，继以浩渺混茫的古蜀国传说为引，以下描写山水景物，辟阖纵横，变幻超忽，要之，均为突出一个"险"字。高标插天和飞湍转石的山水自不用说，便是人、鸟、猿以至古木、枯松也无不具有一种悲愁的情态，衬托出山势险峻,后面出现的狼豺虎蛇,亦为渲染环境的险恶。有色,又有声:诗人一唱三叹贯穿始终,构成诗歌的基调;悲鸟号鸣、杜鹃愁啼以及惊波拍崖的如雷回响,则使险山恶水显得更加深邃而神奇。在千变万化的描写中,诗人的艺术天才并不表现于对于自然景物的精工刻画,而表现于"精骛八极,心游万仞"①的卓越想象力。唐人殷璠称此诗"奇之又奇"②,明著名论家胡应麟称此诗"出鬼入神,惝恍莫测"③,便都是针对这种想象力说的。这种想象力,若加分析,便不难发现它具有双重性质。一方面,它是以渊博的知识和生活实感做基础的:李白虽没有到剑阁,但他到过青城、峨眉、巫山、庐山、泰山、华山、嵩山、终南山、黄山、衡山……对高山峻岭有大量直接经验;另一方面,它是受诗人创作激情驱使,显然要表达一种思想。那么,最后便出现一个问题:诗人为什么要把他的创作激情寄托于并没有印象的秦岭剑阁?诗篇始终突出畏途难行的主题,又有"问君西游何时还""远道之人胡为乎来哉""不如早还家"等句穿插其间,其寄托究竟是什么?历代聚讼之说,兹不一一赘述,今以诗意逆之,当以讽玄宗入蜀说近是。惟玄宗以天宝十五载入蜀,而《蜀道难》已见天宝十二载殷璠所选《河岳英灵集》,故不通。近人俞平伯于一九六五年释此诗,仍主从谏玄宗入蜀说,而以《河岳英灵集》

---

① 陆机《文赋》。
② 殷璠《河岳英灵集》。
③ 胡应麟《诗薮》。

编者为后人伪托①，可备一说。要之，李白写作此诗必有政治上的原因，绝非"即事成篇，别无寓意"②，否则，不仅若干诗句无法解释，诗人的创作动机，以及贯彻全诗的主题、思想倾向和鲜明的感情色彩也难以说明。无法确切了解，可以存疑，但不能否认它的存在。

无独有偶，另一脍炙人口的名篇《梦游天姥吟留别》亦凭想象落笔：

> 海客谈瀛洲，烟涛微茫信难求。越人语天姥，云霞明灭或可睹。天姥连天向天横，势拔五岳掩赤城。天台四万八千丈，对此欲倒东南倾。我欲因之梦吴越，一夜飞度镜湖月。湖月照我影，送我至剡溪。谢公宿处今尚在，渌水荡漾清猿啼。脚著谢公屐，身登青云梯。半壁见海日，空中闻天鸡。千岩万转路不定，迷花倚石忽已暝。熊咆龙吟殷岩泉，栗深林兮惊层巅。云青青兮欲雨，水澹澹兮生烟。列缺霹雳，丘峦崩摧。洞天石扇，訇然中开。青冥浩荡不见底，日月照耀金银台。霓为衣兮风为马，云之君兮纷纷而来下。虎鼓瑟兮鸾回车，仙之人兮列如麻。忽魂悸以魄动，恍惊起而长嗟。惟觉时之枕席，失向来之烟霞。世间行乐亦如此，古来万事

---

① 见1965年上海出版《文史丛刊》二集。编者注：参见俞平伯《〈蜀道难〉说》，《李白研究论文集》，中华书局1964年版。

② 胡震亨、顾炎武并近世论家多人均主此说。

> 东流水！别君去兮何时还？且放白鹿青崖间，须行即骑访名山。安能摧眉折腰事权贵，使我不得开心颜！

此诗同样具有富于想象和纵横变幻的特点，气派不如《蜀道难》雄伟，却别有一种使人感到清新的风格。"渌水荡漾""迷花倚石"具有江南山水的绮丽（李白写作此诗前不一定上过天姥，可曾两度游历过吴越），与前诗所写"冲波逆折""高标插天"情趣迥异。而幻想中的洞天仙境，又同前诗中豺狼守关、虎蛇杀人的景象形成鲜明对照。要之，前诗极言畏途艰险，此诗极言山水宜人；寓意有别，故境界殊异。此诗寄托梦游，故有一种游离恍惚的情态，但真实寓意十分清楚。此诗作于天宝五载，时去被谗离宫不远，寄情山水，原为不同那些宫廷权贵同流合污。结尾两句，是李白山水诗中的名句，对于了解李白思想很重要：游山也好，寻仙也好，均为排遣由政治失意而来的苦闷。但对李白来说，这种苦闷毕竟是无法排遣的，不过给他的山水诗增添些人间烟火味而已，这正是他区别于一般山水诗人的显著特色。

李白山水诗中占数量最多的，不是虚构，而是写实的作品；但这种写实同样是经过了想象加工的艺术创造，并非刻板的写生。这方面，当举《望庐山瀑布》二首作代表：

> 西登香炉峰，南见瀑布水。挂流三百丈，喷壑数十里！欻如飞电来，隐若白虹起。初惊河汉落，半洒云天里。仰观势转雄，壮哉造化功！海风吹不断，江月照还空。空中乱潈

射,左右洗青壁;飞珠散轻霞,流沫沸穹石。而我乐名山,对之心益闲;无论漱琼液,且得洗尘颜。且谐宿所好,永愿辞人间!(其一)

日照香炉生紫烟,遥看瀑布挂前川。飞流直下三千尺,疑是银河落九天!(其二)

前人称此诗"气象雄杰",这是瀑布本身的特色,也是李白诗歌的风格;二者巧合,可能便是此诗成功为"古今绝唱"的奥秘。前首大处落笔,从"西登""南见"至"仰观",景物由远及近;后首"遥看""疑是",均系远瞻。"三百丈""数十里"用以形容瀑布固然是恰当的夸张,传神之笔还在以"飞电""白虹""银河"作比;"海风""江月"更是绝妙的烘托,使景象陡然生色,"乱潨射""洗青壁"以及"飞珠"散霞、"流沫"沸石,虽属写实,那用字遣句之巧,也是独具匠心的创造。情景联翩,读之令人心清神爽,产生美好的激情。前首最后六句看来与前面写景无关,其实大有关系:他之"乐名山"乃为"洗尘颜",歌咏山水实为寄托对现实人生的不满;"永愿辞人间"系愤激之语,那种炽热的感情恰好说明他离不开人间!一个对现实人生抱冷淡态度的人,绝写不出如此壮丽而令人精神振奋的诗篇。

李白山水诗极为丰富多彩,风格亦有变化,既有气势奔放、惊人心魄的长篇,亦有婉约含蓄、令人神驰的短韵。以上所举(均系后期作品)虽然都是千古名篇,毕竟只能代表李白风格的一方面。以下再举一些属于另一风格的短篇,以见其全貌。先举几首前期作品：

　　渡远荆门外，来从楚国游。山随平野尽，江入大荒流。月下飞天镜，云生结海楼。仍怜故乡水，万里送行舟。(《渡荆门送别》)
　　故人西辞黄鹤楼，烟花三月下扬州。孤帆远影碧空尽，唯见长江天际流。(《黄鹤楼送孟浩然之广陵》)
　　牛渚西江夜，青天无片云。登舟望秋月，空忆谢将军。余亦能高咏，斯人不可闻。明朝挂帆去，枫叶落纷纷。(《夜泊牛渚怀古》)
　　天门中断楚江开，碧水东流至此回。两岸青山相对出，孤帆一片日边来。(《望天门山》)

四首诗中，既没有奇特的想象，也没有夸张的比喻，诗人的艺术天才表现在他善于捕捉适合自己当时心情的形象，并写出它的动态：江水、月、云雾不用讲，"山随平野尽""青山相对出"，便是山也具有动的情态；这当然不是山在活动，而是诗人水上行舟产生的感觉。正是从这种敏锐感觉，以及将情景浑融一体而塑造出的微妙意境中，我们看出了李白卓越想象力的又一方面。不过，诗人在这些诗中抒发的情感：思乡、惜别、怀古，虽不像某些山水诗人那样冷漠幽独，而有一种淳朴健康的生活气息，但毕竟还属于日常生活感叹，缺乏社会政治色彩；此系李白前期作品的普遍特点。下面再举四首后期作品：

巫山夹青天，巴水流若兹。巴水忽可尽，青天无到时！三朝上黄牛，三暮行太迟。三朝又三暮，不觉鬓成丝！（《上三峡》）

朝辞白帝彩云间，千里江陵一日还。两岸猿声啼不住，轻舟已过万重山！（《白帝下江陵》）

南湖秋水夜无烟，耐可乘流直上天。且就洞庭赊月色，将船买酒白云边！（《游洞庭五首》其二）

楚水清若空，遥将碧海通。人分千里外，兴在一杯中。谷鸟吟晴日，江猿啸晚风。平生不下泪，于此泣无穷。（《江夏别宋之悌》）

《上三峡》写于诗人在安史之乱中因参加永王水军无辜得罪而被流放的途中，前途茫茫之感，使山水也染上悲愁的色彩。正好到巫山时遇赦，《下江陵》所写便是喜跃的归途情景：乘奔御风，朝发夕至，连平时以哀愁感人的猿啼此刻也成了轻舟疾下的欢快伴奏。一"上"一"下"，所写地点相同，写作时间相接，感情色调却大相径庭。一方面固然是上下不同的自然条件造成，主要还是诗人前后不同的心情造成。李白在另一诗中谈到流放遇赦时说"昔放三湘去，今还万死馀"[①]，死里逢生，这种心情在李白一生当中只有一次，故此充分流露出这种心情的《下江陵》也就成为他全部作品中感情色调独具一格的名篇（正如《闻官军收河南河北》之于杜甫一样）。流放释归后，诗人以刑余之身徘

---

① 李白《江夏使君叔席上赠史郎中》。

徊于潇湘洞庭和长江沿岸,"中夜四五叹,常为大国忧"①,虽已年近六旬,仍旧呼号陈情,冀能以身报国,却始终找不到这样的机会。《游洞庭》和《江夏别宋之悌》中呈露出的苦闷心情,便是由以上所说诗人当时的社会处境决定。此四首与前四首体裁一样(均为两首七绝、两首五律),从题材、结构、意境和表现方法上看也极近似,但却显得更凝重,更有思想深度,感情色调更浓。这种变化,只能从诗人后期在政治上的坎坷经历得到说明。为证明李白后期山水诗的上述特色还可举出《望木瓜山》《登巫山最高峰》《秋登巴陵望洞庭》《登金陵凤凰台》等篇。

　　李白笔下的山水,还经常出现在不以山水为题材的作品中。如《赠江夏韦太守良宰》,是一首政治抒情长诗,其中一段写他在黄鹤楼上望见万舸连帆的长江景色,便非常出色。再如《赠族侄高座寺僧中孚》描写钟山"群峰如逐鹿,奔走相驰突",《西岳云台歌》描写黄河"黄河如丝天际来",《公无渡河》又云"黄河西来决昆仑,咆哮万里触龙门",均极有气势。又如《留别曹南群官之江南》也是一首重要的政治抒情诗,其中既有江南风光,又有洞庭景色,而所有这些又都和诗人怀才不遇的心情分不开:"登岳眺百川,杳然万恨长!"这类作品还能举出许多。

　　从以上分析可以看出,李白山水诗中很少关于客观景物的精工刻画,诗人的艺术天才主要表现于他那无比大胆而又始终不离具体形象的卓越想象力。自然景物是使他产生创作灵感的契机,

---

① 李白《赠江夏韦太守良宰》。

而当他进行构思时，便如陆机所说"笼天地于形内，挫万物于笔端"①，天地万物（有时还包括神仙、鬼怪）都成了供他任意驱使的材料；即使是局限于固定环境的写实也并不妨碍他驰骋想象，正如刘勰所说："登山则情满于山，观海则意溢于海。"②他仍然可以凭借想象随心所欲地使自然景物生辉。所谓想象，也就是诗人的思想，或者可以叫做形象化的思想。那么，这里便出现一个问题：诗人的主观思想同他所描写的客观对象之间究竟是什么关系？中国古代文艺批评强调所谓"情景交融"，指的便是这种关系；不过，这种说法还嫌笼统。具体分析，李白山水诗中的情景关系存在三种形态：一、如《蜀道难》，诗人感情寄寓于变幻莫测的自然景物，可谓"寓情于景"；二、如《梦游天姥吟留别》，诗人直接进入画面，自然景物成了他抒情的手段，此可谓"借景抒情"；三、如《望庐山瀑布》，始终描写景物本身，而赋予鲜明的感情色彩，可谓"赋景以情"。以上所说三种形态不过是就其突出特征而言，彼此并没有严格界线；李白许多山水诗均同时兼有两种或三种形态。那么，这里又出现一个疑问：诗人如此强烈的主观感情是否妨害作品的真实性？问题在如何理解真实性。胡应麟称李白"写景入神"，关键在于使他产生创作激情的客观形象，总是最能代表特定环境中自然景物的典型特征；而他所寄寓或赋予的感情，又总是使形象更为传神。因此，李白笔下

---

① 陆机《文赋》。
② 刘勰《文心雕龙·神思》。

的山水同自然山水相比，主要不是"形似"，而是"神似"。用中国古代论画所谓"神、妙、能"的标准衡量，李白许多山水诗均无愧为"神品"。

上面主要强调情对景的作用，那么，情又从何而来？人们常说"触景生情"，刘勰所谓"感物吟志，莫非自然"[①]，钟嵘所谓"物之感人，故摇荡性情"[②]，也是这个意思。其实，景物只是情之所生的诱因，没有一定思想基础，情是生不出来的。站在同样景物面前，有人生情，有人无动于衷，生情者所生之情也不尽相同，原因便是彼此思想基础不同；刘勰所谓"人禀七情，应物斯感"[③]是解释不了这种现象的。人的思想基础，既非先天禀赋，也不是自然环境的产物，而是社会环境的产物，是由各人的社会地位、社会经历以及由此产生的人生观决定的。李白有强烈的政治抱负，但他不愿和宫廷权贵同流合污，因此虽曾一度入宫却终生没有做官；由于对现实社会失望，他向往过隐居生活，却又因为不愿独善一身始终不肯隐归。这种既非官又非隐的特殊地位、他的流离坎坷的社会经历以及他的颠扑不灭的"济世"理想，均与封建时代一般山水诗人迥然不同，因此自然景物在他心中唤起的不是闲情逸致，而是和社会生活息息相关的非常热烈的情绪，是由政治失意而来的苦闷和愤懑；这些感情一经唤起，又反过去

[①] 《文心雕龙·明诗》。

[②] 钟嵘《诗品序》。

[③] 《文心雕龙·明诗》。

对他描写的景物起很大作用，起决定作用。因此，归根结底，李白山水诗的卓越成就，主要是由他的社会政治经历决定的。

论李白的游仙诗

李白出蜀时在江陵遇见司马承祯,对方便夸奖他有"仙风道骨";在出宫以后的漫游时期,独孤及也曾用"仙药满囊、道书盈箧"形容他当时的丰采。从李白留下的许多作品看,他确曾寻过仙、炼过丹、受过道箓,并经常同一些道家人物过从。据此,解放前后的论家当中均有人把李白说成是迷信神仙的虔诚道徒。这些论家当然也知道,我们不仅可以举出更多的材料证明李白是个有极大政治抱负的诗人,而且可以举出不少材料证明他对服药成仙之类并不相信。因为存在这种矛盾现象,于是有的论家便解释说:李白的道教迷信是到晚年觉醒的。但是,像"仙人殊恍惚,未若醉中真"(《拟古》其三)、"贤圣既已饮,何必求神仙"(《月下独酌》其二)、"蟹螯即金液,糟丘是蓬莱"(同上其四)以及诸如《古风》其三、其四、其十八,《登高丘而望远海》这些借秦皇、汉武巡海求仙故实对唐玄宗迷信神仙进行尖锐讽刺的作品,大抵均为五十岁以前所作,不属晚年作品。早在青壮年时代李白对神仙的态度便颇不虔诚,"晚年觉醒"说未必站得住脚。

于是，又有一种解释：李白一时清醒一时糊涂！干脆将矛盾束之高阁。其实，李白对神仙的态度反复无常，正如他对尧、舜、孔子、皇帝以及历史上许多著名隐者时褒时贬一样，是可以从他所处的历史环境和他的社会经历中找到解释的。

李白活动在中国封建社会极盛而衰的历史转折时期。唐代社会经过一百多年安定养息，到开元和天宝初年，人口逾四千万，生产力高度发展，商业繁荣，各民族间经济、文化交往频仍，从而造成前所未有的盛世局面；宗教——封建时代民族文化的重要构成部分——的兴盛，正是这种局面的一个方面。在当时流行的道、佛、回诸种宗教中以道教最盛，论家多以道教始祖与唐皇室同姓解释。其实，唐统治者之尊崇道教，恐怕还有更重要的经济和政治原因：一方面，道家"无为而治"的思想反映了唐初统治者缓和阶级矛盾、与民休息以恢复和发展社会生产力的需要；另一方面，当阶级矛盾日趋激化时，统治者又想用"我无为而民自化，我好静而民自正，我无事而民自富"（《道德经》）来粉饰太平并麻醉人民。从高宗时起，唐统治者便追崇道教祖宗李耳为"玄元皇帝"，玄宗李隆基更诏令两京及诸州各置玄元宫（天宝三载改称紫极宫），自注《道德经》颁行全国，并亲由司马承祯受道箓。由于最高统治者如此大力提倡，迷信道教便在上层社会蔚成风尚，以至连李隆基的妹子金仙公主、玉真公主和女儿万安公主都先后当了女道士。李白诗云"美人为政本忘机，服药求仙事不违"（《题雍丘崔明府丹灶》），是描写一个地方官吏的，可见当时做官与求仙可以两不误。李白自谓"仙人抚我顶,结发受长生"(《赠江夏韦太守良宰》)、"十五游神仙,仙游未曾歇"(《感兴》其五),便正是受这种社会时尚熏染。

然而李白之游仙访道,并不单纯为"趋时"。李白是个功名心极强的人,同时又是个自尊心极强的人。他不愿由科举、干谒出仕,总幻想如许多先秦策士那样一举而致卿相。为此,他通过两条途径树立自己的社会声望:一是广泛结识王侯将相和地方官吏,吹嘘他的"经济之才";一是同道家人物频繁交往,炫耀他的"仙风道骨"。由于前面所说的社会状况,"仙风道骨"和"经济之才"一样,可以成为"游说万乘"的资本。事实上,在李白交往过的著名道家人物当中,司马承祯、胡紫阳、吴筠等人便曾应诏入宫,受到过李隆基礼遇。李白天宝初年入宫虽非以道士身份,但也是受道家人物玉真公主和吴筠等人引荐。因此,从积极方面看,游仙访道实为李白从政的一种手段。

但仅仅把它看成一种从政手段,亦与事实不全符。李白被逸去朝以后,即请著名道士高如贵授道箓于齐州紫极宫,盘桓梁宋期间复与胡紫阳弟子元丹丘等人亲密过从。这时他对宫廷政治已感到完全失望,在诗中对李隆基和宫廷权贵进行了大量揭露和猛烈抨击,因此很难把他这期间的游仙访道视为企图达到入宫目的的积极行动。李白自云"人间不可以托些,吾将采药于蓬丘"(《悲清秋赋》),"不向金阙游,思为玉皇客"(《草创大还赠柳官迪》);他是想"安社稷""济苍生"的,但当权的统治者不肯用他，"我本不弃世，世人自弃我"（《送蔡山人》），于是只好以神仙为寄托。因此，从消极方面说，李白的游仙访道又是他政治失意时采取的一种逃避现实和排遣苦闷的方式。它本身是消极的，却又具有批判现实的积极意义。

以上强调李白游仙访道的社会政治原因，目的是要打开李白作品中游仙诗这个迄今无人涉猎的"禁区"。

多年来我在李白研究中始终坚持一个观点：两年待诏翰林是李白一生当中的转捩点，由此分出前后期，他的主要创作成就在后期。游仙诗也不例外。李白入宫以前所写的游仙诗，基本上属于《文选》注家李善所谓"正格"游仙诗，其内容无非是"滓秽尘网，锱铢缨绂，餐霞倒景，饵玉玄都"。在他出蜀前后所写不多几首这类作品，如《登峨眉山》《望瓦屋山怀古赠孟浩然》中，还能使人感到些现实生活的气息。越往后宗教神秘色彩越浓厚，在四十二岁入宫前所写《游太山》六首中达到了高峰。这六首作品，意境荒诞不经，不是看见"玉女""青童"，便是遇上"羽人""众仙"，而诗人的向往也是"安得不死药，高飞向蓬瀛""终当遇安期，于此炼玉液"；除遇仙、采药、炼丹以外，全无别的寄托。同期作品有的还进一步谈到服药餐霞："攀条摘朱实，服药炼金骨。安得生羽毛，千春卧蓬阙"（《天台晓望》），"日出红光散，分辉照雪崖。一餐咽琼液，五内发金沙"（《早望海霞边》）。对于这类充满宗教蒙昧的作品，其实可引用李白自己的话来批判："日月终销毁，天地同枯槁！蟪蛄啼青松，安见此树老？金丹宁误俗，昧者难精讨！"（《拟古》其八）既然他懂得天地日月以至蟪蛄（寒蝉）均有销毁之日，不过生命长短有别（寒蝉的生命当然比青松短促），他自己为什么又要去做那种炼丹服药以求长生不死的蒙昧者？前面作过解释：此为"趋时"，而趋时的目的又是为树立声望，提高从政身价。请读他在写《游太山》等诗不久之后所作《南陵别儿童入京》吧！由于"游说万乘"的机会终于到来，雀跃之情溢于言表，哪里还有一点"仙风道骨"的影子？

李白入宫虽系道家人物引荐，其性质却与司马承祯诸人截然不同。他是要向最高统治者"献济时策""进兴亡言"，据载他也确曾在李隆基面前"论当世务，草答蕃书，辩如悬河"。但是，他的这种经邦济世的抱负和才能在当时已经腐败透顶的宫廷是注定无法施展的。政治上的大失败，促成日后创作上的大成功。李白去朝以后的创作，无论从思想上看，从艺术上看，都发生了一次飞跃、一次质变。李白后期游仙诗的显著变化，首先是诗人把他在政治上的失意和愤懑心情带进了作品，使作品具有了反抗现实的意义，从而在艺术上也出现了气势奔放的诗风。试先以《梦游天姥吟留别》为例：

> 海客谈瀛洲，烟涛微茫信难求。越人语天姥，云霞明灭或可睹。天姥连天向天横，势拔五岳掩赤城。天台四万八千丈，对此欲倒东南倾。我欲因之梦吴越，一夜飞度镜湖月。

……半壁见海日，空中闻天鸡。……云青青兮欲雨，水澹澹兮生烟。列缺霹雳，丘峦崩摧。洞天石扇，訇然中开。青冥浩荡不见底，日月照耀金银台。霓为衣兮风为马，云之君兮纷纷而来下。虎鼓瑟兮鸾回车，仙之人兮列如麻。……且放白鹿青崖间，须行即骑访名山。安能摧眉折腰事权贵，使我不得开心颜！

此篇作于离宫不久由东鲁南下吴越前，去《游太山》六首之作不过四年，前后比较，无论思想、意境、气势，均有霄壤之分。《游太山》按题材系写实，读之却令人产生玄虚感，主角都是神仙，诗人只是扮演个"稽首再拜"、自惭形秽的配角。《梦游天姥吟留别》写的是梦游，山水神仙游离恍惚，却没有蒙昧色彩，读之令人心旷神怡、回肠荡气，原因便在诗中别有寄托。清人陈沆《诗比兴笺》解此诗："盖寄去国离都之思"，其实应说是"盖寄去国离都之愤"。诗人有强烈的政治抱负，却又不愿在宫廷权贵面前摧眉折腰，于是只好借山水神仙以"挥斥幽愤"。整首诗从结构上说是一种"倒装"写法。如果再读一读李白去朝以后所写的大量政治抒情诗（如《行路难》《梁甫吟》《雪谗诗赠友人》《答王十二寒夜独酌有怀》等等），便更会觉出此诗结尾真有雷霆万钧之力，充分显示出诗人对上层社会的深刻不满以及他那种不愿同流合污的傲岸性格。但是李白之所以是李白，并不仅于此。不愿与奸佞小人同流合污固然是其一贯性格，但从人生理想来说他又不愿独善一身，"苟无济代心，独善亦何益？"（《赠韦秘书子春》）可以说这种矛盾贯穿并支配了他整个一生。从他去朝十年左右所作《留别曹南群官之江南》中，便能看出这种充满矛盾的复杂心情：

> 我昔钓白龙，放龙溪水傍。道成本欲去，挥手凌苍苍。时来不关人，谈笑游轩皇。献纳少成事，归休辞建章。十年罢西笑，览镜如秋霜。闭剑琉璃匣，炼丹紫翠房。身佩豁落图，腰垂虎盘囊。仙人借彩凤，志在穷遐荒。恋子四五人，徘徊未翱翔。东流送白日，骤歌兰蕙芳。仙官两无从，人间久摧藏。范蠡脱勾践，屈平去怀王。飘飘紫霞心，流浪忆江乡。……怀归路绵邈，览古情凄凉。登岳眺百川，杳然万恨长。却恋峨眉去，弄景偶骑羊。

诗由陵阳子明钓白龙始，以葛由骑木羊入峨眉终，均为学道成仙典故，但通篇看来并不玄虚，原因便在里面有现实生活，有政治。有的研究者为证明李白的道教迷信，抽出"炼丹紫翠房""身佩豁落图"诸句大做文章，于前面所说"献纳少成事""十年罢西笑"诸句则毫不涉及，是不公正的。其实，毋须旁征即可看出，李白所谓弃剑炼丹，主要是为排遣政治上的愤懑（"范蠡""屈平"句已明）。前面我们已经论证，李白之游仙访道，有多方面社会政治原因，政治失意时便成为他逃避现实并表示反抗的一种方式。在《梦游天姥吟留别》里诗人心情还比较单纯,"且放白鹿青崖间,须行即骑访名山",显得既傲岸又旷达。于《留别曹南群官之江南》中诗人思想却充满矛盾:由于在政治上没有出路,他很想乘凤飞升(意即遁世归隐),却又留恋现实的人生;"仙宫两无从"的苦闷贯穿全诗。诗末虽以骑羊成仙作结,但诗人的真意不能仅从字面了解。如安史乱初在庐山所作《赠王判官》最后说"明朝拂衣去,永与海鸥群",事过不久,当永王李璘水师东下时,他不就加入了他的幕府么?又如晚年流放遇赦时所作《书怀示息秀才》最后说"寄言息夫子,岁晚陟方蓬",两年之后,当李光弼统兵百万出镇临淮时,他不是又以刑余多病之身再次请缨参军么?正是这种始终面对现实人生的积极态度,使李白比历史上一切陶渊明们伟大得多!陶渊明因为不愿为五斗米折腰可以隐遁于"心远地自偏"的世外桃源,李白对现实的不满比陶渊明深刻百倍,但对现实人生的执着热情又使他始终无法在臆想的仙山琼阁找到栖身之所。

李白后期游仙诗的另一重要特色,是可以从中看出诗人自己的鲜明形象。这个形象从以上引诗中便能看出,不过还是在他晚年作品《庐山谣寄卢侍御虚舟》中看得更清楚:

> 我本楚狂人,凤歌笑孔丘。手持绿玉杖,朝别黄鹤楼。五岳寻仙不辞远,一生好入名山游。庐山秀出南斗旁,屏风九叠云锦张,影落明湖青黛光。金阙前开二峰长,银河倒挂

三石梁。香炉瀑布遥相望，回崖沓嶂凌苍苍。翠影红霞映朝日，鸟飞不到吴天长。登高壮观天地间，大江茫茫去不还。黄云万里动风色，白波九道流雪山。好为庐山谣，兴因庐山发，闲窥石镜清我心，谢公行处苍苔没。早服还丹无世情，琴心三叠道初成。遥见仙人彩云里，手把芙蓉朝玉京。先期汗漫九垓上，愿接卢敖游太清。

前面六句为一组，是一幅相当精彩的自画小像：佯狂放诞、自由自在……自比楚狂接舆（陆通）而对儒家圣人孔丘加以嘲笑，主要是说明诗人的愤世嫉俗（陆通便是因为"楚政无常"弃世归隐的）和蔑视礼法；但若据此证明李白"反孔""反儒"，那便是对李白无知。这里不妨顺便说说，李白的大量作品说明他对这位儒家圣人的坎坷身世是充满同情的（见《答王十二寒夜独酌有怀》《书怀赠南陵常赞府》《送方士赵叟之东平》《送鲁郡刘长史迁弘农长史》《古风》其二十九等诗），并曾高度评价其"删述"成就并引以自比（见《古风》其一、《临终歌》等诗）。至于李白对儒家思想的态度及其所受儒家思想影响，请容另文评述。此处仅须指出：儒家"兼济天下""知其不可为而为之"的积极入世思想，与李白的人生理想和处世态度是完全合拍的；他对孔子的赞赏主要也是由这个角度（在《赠何七判官昌浩》中对嘲笑孔子的沮溺有过尖锐批评）。由此可见，此处所谓"我本楚狂人，凤歌笑孔丘"便只能说明诗人对现实的极端不满，并暗含着自我嘲讽：你曾经像孔丘那样为实现政治理想东奔西走，其结果不是遭谗被逐便是监禁、流放，在这个"囚鸾宠鸡""树榛拔桂"的社会能干出什么？倒不如像楚狂接舆那样遁世归隐的好！以下描写游山寻仙，竭力渲染山光水色和虚幻仙景之美，便都是为抒发这种姑为达观的情怀。李白的游仙诗和山水诗很难分开，一般说来前期侧重游仙（如《游太山》六首），后期侧重山水（如《梦游天姥吟留别》《庐山谣》）。《庐山谣》把庐山的秀丽景色描绘得气象万千，特别是登高远眺大江一节，于写实中大胆运用想象夸张的手法，从而显示出诗人那种奔腾跳动的壮阔胸怀。因为在现实社会中找不到出路，于是只好寓情于自然，寓情于想象的神仙，用写实和臆想结合的方法，构织成与污浊的现实社会相对立的美好境界。这样的作品，虽然正面呈现的图景是自然界的朝霞夕霏和虚无缥缈的仙山琼阁（在有的作品中二者浑然相融，很难将实在的自然与虚拟的仙境区分，如《登敬亭山南望》《送温处士》《早望海霞边》等），但归根结底，它是诗人的以其丰富阅历为基础的社会思想的一种反映，因此很容易从中看出诗人的思想、感情和性格。

李白笔下的神仙大多富有人情味，这是他的游仙诗与别人的游仙诗极易区别的又一显著特色。姑举数例以见一斑：

昔我游齐都，登华不注峰。兹山何峻秀，绿翠如芙蓉。萧飒古仙人，了知是赤松。借予一白鹿，自挟两青龙。含笑

凌倒景,欣然愿相从。(《古风》其二十)

　　西上莲花山,迢迢见明星。素手把芙蓉,虚步蹑太清。霓裳曳广带,飘拂升天行。邀我登云台,高揖卫叔卿。恍恍与之去,驾鸿凌紫冥。(《古风》其十九)

　　石壁望松寥,宛然在碧霄。安得五彩虹,架天作长桥?仙人如爱我,举手来相招!(《焦山望松寥山》)

　　一鹤东飞过沧海,放心散漫知何在?仙人浩歌望我来,应攀玉树长相待。尧舜之事不足惊,自馀嚣嚣直可轻!巨鳌莫载三山去,我欲蓬莱顶上行。(《怀仙歌》)

　　诗中频见的仙人、仙女以至仙禽、仙兽,都是通人情的,诗人可以随意与之打交道。不是把传说中的神仙神秘化,而是把传说中的神仙人格化。既然世所公认拉斐尔所画圣母像的主要优点在于具有人的德性,那我敢说李白诗中的神仙具有更加丰富的人性。这样的例子还可以从李白作品中举出许多。例如,当他穿上一件绚烂陆离的五色裘时,便有成群的神仙尾随着他表示倾慕(《酬殷明佐见赠五云裘歌》:"群仙长叹惊此物,千崖万岭相萦郁");他曾想给著名的仙女写信(《古有所思》:"西来青鸟东飞去,愿寄一书谢麻姑");甚至想使她替人搔背(《西岳云台歌》:"麻姑搔背指爪轻")。所有这些天真活泼的想象,迷信色彩相当淡薄,主要是说明诗人对于摆脱社会束缚和追求自由解放的强烈愿望:"永随长风去,天外恣飘扬"(《古风》其四十一),

"吾将抚尔背,挥手遂翱翔"(《赠别舍人弟台卿之江南》),"八极恣游憩,九垓长周旋"(《赠嵩山焦炼师》)。由于他对自己所接触的上层社会极端失望,便渴望像那些天真淳朴的神仙一样恣意飘游。只要我们对李白身世、思想和作品有一个比较全面的了解,便会认为这种渴望是一种值得同情的寄托;至于他是否相信神仙的实质存在,反倒是无关紧要的。为充分论证这个观点,最后不妨举一首离题的诗:

……意欲托孤凤,从之摩天游。凤苦道路远,翱翔还昆丘。不肯衔我去,哀鸣惭不留。……(《留别贾舍人至》其一)

这不是游仙诗,诗中全无一点神仙的影子。可是它的意境、情趣及其表达的思想,和以上所举游仙诗完全一致。只不过因为它作于诗人流放途中,感情比较低沉而已。

大家都知道,马克思对于希腊神话极为赞赏,恩格斯曾给予但丁《神曲》崇高评价,甚至到文艺复兴时代,许多世所公认的文艺杰作仍与神话、宗教有关。同样,在中国,从《山海经》到《西游记》,同神话、宗教有关的传说、诗歌、绘图、戏剧、小说,我们可以举出许许多多。也许有人要说,应当把古代神话传说同后世的宗教迷信分开,这当然是对的。但同样明显的是,虽然宗教迷信在阶级社会中是统治阶级麻痹和统治人民的一种工具,却也并不排除这种可能:一些进步作家可以利用宗教迷信的形式写出充满反抗精神和有利人民的作品，如上面所举《神曲》和《西游记》，其卓越成就是世所公认的。评价这一类作品，主要不是看它写的什么，而是看它是怎样写的。

李白游仙诗虽然充满神仙虚幻之说，值得注意的乃是其中的寄寓。我们肯定了三点：一是诗人挥斥他在政治上怀才不遇的幽愤；一是表现他壮浪纵恣和蔑视礼法的性格；一是抒发他对自由解放的理想生活的憧憬。所说三点，均表明诗人对统治阶级和现存社会秩序的强烈不满，其客观作用不是使人向现实屈服、顺从，而是使人反抗。当然，这种反抗方式（逃避现实）毕竟是消极的。因此，在对李白游仙诗作出肯定评价的同时，也要看到它的局限性。对李白来说，游仙诗毕竟不是他的代表作品。

最后再谈谈关于李白是否相信神仙的实质存在的问题。

李白寻仙访道的大量事实（包括他的采药、炼丹、受道箓）自有其充分的社会政治原因（前面分析了三点），据此并不能证明他是个迷信神仙的虔诚道徒。前面举出不少例证，证明李白对于求仙、服液曾表示怀疑、嘲笑、反对。可是，我也并没有把李白说成是个无神论者。我没有得出这个结论，并认为这个结论对于评价李白游仙诗是无关紧要的。我们知道，在西方，甚至连十八世纪启蒙运动的先驱伏尔泰、卢梭在哲学思想上也并不是彻底的无神论者，更不用说文艺复兴时代以及中世纪的许多重要作家了！为什么对于生活在一千二百年前的中国诗人如此苛求？可以肯定，即使李白如某些研究者所断言的真相信神的实质存在，这种迷信对于他的后期游仙诗的影响也是微乎其微的。因为事实上这些作品并不使读者相信神、向神膜拜。在李白研究中我不是厚古薄今者，相反我认为历代李白评价中普遍存在根本性的弱点；但在李白与神仙这个问题上，我认为有些现代论家的见解真不如古人豁达。举例说，宋人葛立方对李白作品颇多谬见（如"李白乐府三卷，于三纲五常之道数致意焉"之类，显由汉儒解《诗》影响），但他对李白游仙诗是颇有见地的："李太白古风两卷近七十篇（现存五十九——裴注），身欲为神仙者殆十三四：或欲把芙蓉而蹑太清，或欲挟两龙而凌倒景，或欲留玉舄而上蓬山，或欲折若木而游八极，或欲结交王子晋，或欲高揖卫叔卿，或欲借白鹿于赤松，或欲餐金光于安期……抑身不用，郁郁不得志，而思高举远引耶！"（《韵语阳秋》）用经过精炼的举例方式揭示出李白游仙诗的特殊风格，并指出它同诗人政治失意的关系，可见论者并不认为李白真相信神仙。说到这里，禁不住联想起李白的三个著名诨号："谪仙""诗仙""酒仙"，均与"仙"有关，这是颇可玩味的。用现代术语说，三个诨号都具有鲜明的浪漫主义色彩，可是要用在屈原身上便不合适；后世曾有人称苏轼为"诗仙"，但没有叫出名，可见也不太合适；只有用在李白身上合适。千百年来，这三个诨号在历史上叫得很响，其中任何一个都必然使人想到李白，不会想到别人。桂冠独占，是表明前人真把李白当成神仙吗？显然不是；是表明他们把李白当成迷信神仙的道徒吗？也不是；只是表明大家对于李白那种独具特色的浪漫主义个性的理解。兹从历代歌咏李白的诗篇中摘句若干：

> 诗中日月酒中仙，平地雄飞上九天。身谪蓬莱金籍外，宝装方丈玉堂前。（殷文圭《经李翰林墓》）
>
> 谪在人间凡几年，诗中豪杰酒中仙！不因采石江头月，那得骑鲸去上天？（李俊民《李太白图》）
>
> 仙籍标名世不收，锦袍当在酒家楼。……浮云能蔽长安日，万事纷纷一醉休。（刘秉忠《李白舟中醉卧图》）
>
> 醉别蓬莱定几年，被人呼是谪神仙。人间未有飞腾地，老去骑鲸却上天！（李东阳《李太白》）
>
> 蓬莱阆苑在掌上，长觉两腋生清风。天生不能屈，四海不足容！（王宠《观李太白像》）
>
> 牛渚西江月色新，清光长见谪仙人。诗多讽谏因天宝，道在佯狂得季真（贺知章）。（屈大均《采石题太白祠》其三）

以上作者有的在历史上并不是很著名的诗人，但他们对李白的仪态丰采、性格、身世、艺术天才的描述，着墨不多，应当说都相当传神。谁读过不会想到李白，而会想到别人？虽然每首均与仙有关，有的还提到关于李白捉月溺死、骑鲸升天的传说，却并没有迷信色彩，谁读过也不会相信实有其事。既然如此，追究这些作者是否迷信神仙的问题在这里还有什么意义呢？

李白游仙诗（再强调一次：主要指后期作品）中仙山琼阁富有人间烟火气，而真实的山光水色又使人感到游离恍惚、如入梦幻；仙人、仙女、仙禽、仙兽大都具有天真活泼的人情味，而诗人自己却又往往显得超逸绝尘、飘飘欲仙。既有虚拟，又有写实，纵横变幻，交织出许许多多令人心清神爽的优美意境和呼之欲出的生动形象。欣赏这样的作品确实能得到美的享受，并能从中体察出诗人对当时社会的深刻不满和追求自由解放的热烈愿望。既然如此，追究李白是否迷信神仙的问题在这里还有什么意义呢？

李白诗歌中的另一个领域

李白数量最多也最重要的作品是政治抒情诗,此外他还写了不少饮酒诗、山水诗、游仙诗。这些作品不仅从内容上经常难以区分,在艺术风格上也是大体一致的。

以上所说四类作品可以从中看出李白的主要面貌,却还不能概括李白的全貌。朱熹尝云"李太白诗不专是豪放,亦有雍容和缓底"①,在历代论家当中可谓独具灼见。所谓雍容和缓,系指艺术风格而言,但同作品内容也密切相关。这类作品虽不代表李白主要面貌,但其中包括许多阅千百年,至今仍在人民大众中广泛流传的名篇,不容忽视。因内容芜杂,若以题材分类,便觉过繁,故笼而统之,称为李白诗歌中的"另一个领域"。

另一领域的作品,通常是抒发人们日常生活中的一些带普遍性和永恒性的感情,政治色彩比较淡薄。由于这类作品浅显易懂,所以我想从广泛举例开始,一般不作解释,仅从欣赏角度略予分析,然后加以综合评论。先举三首思念故乡的短篇:

---

① 朱熹《朱子语类》卷一百四十。

床前明月光，疑是地上霜。举头望山月，低头思故乡。
（《静夜思》）

谁家玉笛暗飞声，散入春风满洛城。此夜曲中闻折柳，何人不起故园情。（《春夜洛城闻笛》）

蜀国曾闻子规鸟，宣城还见杜鹃花。一叫一回肠一断，三春三月忆三巴。（《宣城见杜鹃花》）

李白思乡作品很多，如《淮南卧病书怀寄蜀中赵征君蕤》，诗中充满"功业莫从就""良图俄弃捐"的怀才不遇感叹。但以上所举三首纯系触景生情，人人都能欣赏，并不需要探究诗人的特殊处境。后面两首在技巧上还有值得揣摩之处：如第二首所用"暗"字和"散"字，第三首由杜鹃花、子规鸟联想到蜀国以及三用"一"字、三用"三"字，均极巧。第一首从语言到思想都朴素到了极点！在这朴素到极点的诗里弥漫着童稚般的纯洁、清新的气息，永远令人感动，以至使它成为历史上妇孺皆知的名篇。李白很喜欢月亮，它不仅能引起乡思，还能引起别的联想，如："小时不识月，呼作白玉盘。又疑瑶台镜，飞上青云端。"（《古朗月行》）"今人不见古时月，今月曾经照古人。古人今人若流水，共看明月皆如此。"（《把酒问月》）这类作品都没有政治色彩，它所代表的是李白思想和风格的另一面。下面再举几首歌咏友情的作品：

故人西辞黄鹤楼，烟花三月下扬州。孤帆远影碧空尽，唯见长江天际流。（《黄鹤楼送孟浩然之广陵》）

杨花落尽子规啼，闻道龙标过五溪。我寄愁心与明月，随君直到夜郎西。（《闻王昌龄左迁龙标遥有此寄》）

欲向江东去，定将谁举杯？稽山无贺老，却棹酒船回。（《重忆》）

日本晁卿辞帝都，征帆一片绕蓬壶。明月不归沉碧海，白云愁色满苍梧。（《哭晁卿衡》）

李白生平交游之广，世无其匹，在王侯、将相、朝臣、大小地方官吏、游侠、隐者、道士、和尚以及各行平民中间，都有他的许多朋友。现存李白诗集中赠答之作过半，多数内容复杂，从中可以看出李白结交对方含有政治或经济方面的原因；但也有的不含功利目的，纯为表达彼此间的真挚友情。以上所举四首属于后一类作品。孟浩然是李白始终敬仰的一位前辈诗人（《赠孟浩然》"吾爱孟夫子，风流天下闻"可证）；王昌龄则是诗风和他接近的一位同辈诗人，李白在长安时便和他交往（《同王昌龄送族弟襄归桂阳》其一"予欲罗浮隐，犹怀明主恩。踌躇紫宫恋，孤负沧洲言"可证）；贺知章更是同李白有着特殊感情的老诗人，比李白年长四十，可是彼此性情相投（同以"佯狂"著称），李白的"谪仙"诨号便由他发明；晁衡也是在长安宫廷结识的，曾赠给李白日本布制裘（见《送王屋山人魏万还王屋》"身著日本裘，昂藏出风尘"，自注"裘则晁卿所赠日本布为之"），可见彼此也有过亲密过从。搞清楚背景，欣赏起作品来便更能领略其中滋味。送孟浩然一首，开门见山，先点题（送别），并仿佛是顺口成章地说出来送别地点和客人去的地方以及当时的季节环境；最精彩的还在后两句：层次分明，纯属写景，然而却使我们看见了那个伫立江岸，恋恋不舍，直到客舟从视野消失的作者形象，从而感觉出他对孟浩然的崇敬心情。寄王昌龄一首，"杨花落尽子规啼"正如曹操诗"月明星稀"一样，说明古代诗人对自然界的观察极准确；"我寄愁心与明月"固然是浪漫主义写法，表达的感情却很真诚，能使对方于左迁途中感觉到友情的温暖。忆贺知章一首，诗虽短，情更深，读之有伯牙因子期毁琴之感（其时贺已亡，白另有《对酒忆贺监》二首可证）。哭晁衡一首，写法与送孟浩然一首相近，将真挚友情寓于景色描绘中①。这类作品，还可以举出不少，如《沙丘城下寄杜甫》《金陵酒肆留别》《送王屋山人魏万还王屋》《灞陵行送别》《留别贾舍人至》等首，歌咏友情均极真挚或间有名句。但我更愿意再引下面三首，来说明李白与下层社会的接触：

　　李白乘舟将欲行，忽闻岸上踏歌声。桃花潭水深千尺，

---

① 晁衡原名仲麻吕，天宝十二载归日本时海上遇难未死，漂至安南，复返长安；李白哭之当由传闻之讹。详见贺昌群《唐代文化之东渐与日本文明之开发》一文，载《文史杂志》，1941年一卷十二期。

不及汪伦送我情。(《赠汪伦》)

纪叟黄泉里,还应酿老春。夜台无李白,沽酒与何人?(《哭宣城善酿纪叟》)

我宿五松下,寂寥无所欢。田家秋作苦,邻女夜舂寒。跪进雕胡(菰米)饭,月光明素盘。令人惭漂母,三谢不能餐。(《宿五松山下荀媪家》)

无论从过去注家解释或从作品本身看,汪伦、纪叟、荀媪均属下层人民无疑。此三首与前四首比较,语言更朴素,感情更自然。赠汪伦一首情真景切,信手拈出,无异于口头创作的民歌。哭纪叟一首看来也是即兴之作,风格与前首相类,却别有一种想象奇特而又表达得十分温和的幽默感,它一方面是出自对死者的真挚怀念,也说明诗人自己藐视幽冥的豁达胸怀;既有泪,又有笑容,能使人从悲伤中得到安慰。赠荀媪一首意境优美,同时闪烁出极为严肃的思想光芒。李白和荀媪之间萍水相逢的友情,使人联想起白居易诗:"同是天涯沦落人,相逢何必曾相识!"可是,荀媪这个劳动一生的普通农妇较之一个流落江湖的名歌妓,当然更能代表社会底层;而当年谪官江州的白居易,其身世沦落又怎能同李白晚年相比?李白晚年因爱国得罪,被入狱、流放,此诗之作便在流放释归以后的漂泊时期,其时战乱未平,农村凋敝,以至百姓以菰米(一种水生植物)充饥。正是在这种境遇和时代背景下,李白从一个贫困农家感到了友情的温暖,以至称对方为漂母而以功名未遂时的韩信自居。当时他已经六十一岁,哪还有什么功名前程? 不过是表白自己的困境和知恩罢了!"笑傲王侯"的李白,竟至在一个普通农妇面前"三谢不能餐",读到这里,谁能不为诗人的老境凄凉以及那种普遍存在于劳动人民中间的淳朴感情深深感动? 李白性格的另一面,往往表现在他同下层社会的接触中:

长安一片月,万户捣衣声。秋风吹不尽,总是玉关情! 何日平胡虏,良人罢远征?(《子夜吴歌》其三)

去年何时君别妾? 南园绿草飞蝴蝶。今岁何时妾忆君? 西山白雪暗秦云。玉关去此三千里,欲寄音书那可闻!(《思边》)

忆昔娇小姿,春心亦自持。为言嫁夫婿,得免长相思。谁知嫁商贾,令人却愁苦。自从为夫妻,何曾在乡土? 去年下扬州,相送黄鹤楼。眼看帆去远,心逐江水流。只言期一载,谁谓历三秋。……对镜便垂泪,逢人只欲啼! 不如轻薄儿,旦暮长相随。悔作商人妇,青春长别离。如今正好同欢乐,君去容华谁得知?(《江夏行》)

……十四为君妇,羞颜未尝开;低头向暗壁,千唤不一回。十五始展眉,愿同尘与灰。常存抱柱信,岂上望夫台。十六君远行,瞿唐滟滪堆。五月不可触,猿声天上哀。门前旧行迹,一一生绿苔。……感此伤妾心,坐愁红颜老。早晚

下三巴，预将书报家。相迎不道远，直至长风沙！（《长干行》其一）

唐代是对外用兵十分频繁的一代，同时也是商业空前繁盛的时代，李白思妇诗正反映了当时这种社会状况。前两首写征人思妇，用简洁通俗的语言极尽相思之苦。后两首写商贾思妇，在曲折淋漓地抒发离愁别恨中，还勾勒出思妇天真直爽的性格。这种作品，诗人要没有"混游渔商"的丰富经验做底子，是断然写不出的。此外，李白还有不少描写弃妇和宫怨的作品，其性质与思妇诗相类，同样表明诗人对处于社会底层的妇女的深厚同情，兹不赘举。为充分说明李白同下层社会的接触，我们还可以从他的作品中举出几首描写劳动生活的诗：

炉火照天地，红星乱紫烟。赧郎明月夜，歌曲动寒川！（《秋浦歌》其十四）

鲁国寒事早，初霜刈渚蒲。挥镰若转月，拂水生连珠。此草最可珍，何必贵龙须？织作玉床席，欣承清夜娱。罗衣能再拂，不畏素尘芜。（《鲁东门观刈蒲》）

云阳上征去，两岸饶商贾。吴牛喘月时，拖船一何苦！水浊不可饮，壶浆半成土。一唱都护歌，心摧泪如雨。万人系盘石，无由达江浒。君看石芒砀，掩泪悲千古。（《丁都护歌》）

前首描写铁工（或铜、银冶炼工人）在月夜一边干活一边唱歌的雄壮场面；二首描写农民刈蒲情景；后首描写拖船纤夫的艰辛。三首描写对象不同，感情色调也不一致，却都说明李白同劳动人民有过直接接触，并对他们抱着赞美和同情的态度。李白作品中还有许多描写劳动少女的篇章，又别具一种情调：

渌水净素月，月明白鹭飞。郎听采菱女，一道夜歌归。（《秋浦歌》其十三）

若耶溪旁采莲女，笑隔荷花共人语。日照新妆水底明，风飘香袖空中举。岸上谁家游冶郎，三三五五映垂杨。紫骝嘶入落花去，见此踟蹰空断肠。（《采莲曲》）

玉面耶溪女，青蛾红粉妆。一双金齿屐，两足白如霜。（《浣纱石上女》）

长干吴儿女，眉目艳星月。屐上足如霜，不着鸦头袜。（《越女词》其一）

吴儿多白皙，好为荡舟剧。卖眼掷春心，折花调行客。（同上其二）

耶溪采莲女，见客棹歌回。笑入荷花去，佯羞不出来。（同上其三）

东阳素足女，会稽素舸郎。相看月未堕，白地断肝肠。（同上其四）

镜湖水如月，耶溪女如雪。新妆荡新波，光景两奇绝。（同上其五）

以上所引八首，既有素描，亦有色彩缤纷的画卷，不但绘出江南劳动少女的外形美，还画出她们的音容笑貌和袅娜多姿的情态。特别是那些在水中群游嬉戏的欢快场面，使人感到这些少女是多么活泼，多么新鲜！仿佛她们有过剩的健康，过剩的生命力！其中有的似乎含有男女相悦成分，实为渲染少女们顽皮天真的性格和嬉游中的愉快心情。真正描写男女私情的仅有一首，那感情也是直率而淳朴的。这些健康、乐观、令人神驰的生活画面，作为盛唐安史乱前江南农村生活的一个侧面来看，是相当真实的。同时这也说明诗人李白能以平等态度对待劳动人民，因而才能从她们的日常生活中感受到真正的美，塑造出这许多栩栩如生的美丽形象。为说明李白性格中的这种倾向性，不妨举一首作品做反衬：

> 鲁叟谈五经，白发死章句。问以经济策，茫如坠烟雾！足著远游履，首戴方头巾。缓步从直道，未行先起尘。（《嘲鲁儒》）

李白嘲讽儒生的作品很有几首，此首最精彩，惟妙惟肖地画出了一个腐儒的形象。这当然并不说明李白"反儒"，事实上他自己也曾经以儒自居（如《答王十二寒夜独酌有怀》"白首为儒身被轻"），但他主张学以致用，反对死读书，此处姑置不论。请看，他对普通农家少女那样赞美，对白首读经的儒生竟如此嘲笑！两相对照，真叫人觉得痛快！一个封建社会的读书人，要不是突破阶级偏见，便很难做到。李白青年时代经过一段"托身白刃里，杀人红尘中"（《留别广陵诸公》）的游侠生活，今集中保存了不少歌咏游侠和边塞生活的诗歌，也很能说明他那不同于一般书生的平民性格，并能反映盛唐社会生活的又一方面。但这些作品从风格上看不属于本文所说的"另一个领域"，故不举。最后举一首描写商人的短篇：

> 海客乘天风，将船远行役。譬如云中鸟，一去无踪迹。
> （《估客行》）

看来李白对于商人生活也是欣赏的，至少比对上面那个读死书的腐儒要尊重得多。

李白诗中的另一领域，牵涉题材范围甚广，很难囊括无遗，以上列举不过见其概貌。这些作品有别于李白其他作品，其共同特点首先在于没有或极少政治色彩。所举征人思妇诗，隐约透露出反战的思想（安史乱前李白有很强的反战思想，但主要见于他的政治抒情诗而不是思妇诗），再如《丁都护歌》通过纤夫的沉重劳动反映出阶级压迫，应当说具有政治色彩；这是极少数，我之所以征引也不是由这个角度。除此，所举作品都并没有政治色彩。无政治，不等于无思想。没有思想便没有艺术。属于李白诗中"另一个领域"的作品，题材范围既广，包含的思想也极复杂，但有一个共同倾向，便是它的平民性。前面说过，李白这些作品通常是反映某些带普遍性、永恒性的人类共同感情。所谓"共同感情"，毕竟是抽象出来的概念，它必须通过具体个性的形式才能呈现；而阶级社会中，人类在经济、政治、文化上都存在严重不平等，这种状况必然要对表现共同感情的具体个性形式产生影响。李白就其社会地位来说属于依附统治阶级的士大夫阶层，但在封建士大夫中间他又是个很特殊的人。李白终生没有俸禄，也没有地产或别的资财，只能靠写诗换取各种馈赠以维持生活（详见拙文《李白经济生活探源》）；在政治上他胸怀大志而无所作为，不是受排挤便是遭迫害，一生绝大部分岁月过着漫游和漂泊的生活。这种特殊的经济和政治地位使他对自己所依附的上层社会产生深刻不满，而与下层社会接近；这便是他的作品的平民性的根源。"平民性"是个含糊的提法，但也是个实事求是的提法。李白思想感情接近下层，同一般劳动人民毕竟还有很大距离。"平民"的概念更广泛一些，既包含劳动人民，也可将诸如渔商、歌伎、游侠以及一部分没有禄位的知识分子范围进去，用它说明李白作品的思想倾向是颇当的。先说怀恋故国、故乡、故园的感情，固然是人所共有，表现形式却因人而异。譬如李煜所怀是故国的"雕栏玉砌"，陶潜所恋是故园的"方宅十馀亩，草屋八九间"，而李白所怀竟是故乡的月亮、花、鸟！再如"仍怜故乡水，万里送行舟"（《渡荆门》）[①]，类似名句可以从李白诗中举出很多。自然万象都能引起他的乡思，这种情怀实在要比落魄帝王和小地主旷达得多，自然也就能为更多的人所喜爱。再说歌咏友情，在历代文人作品中本是常见的主题，佳作也有不少，但究竟有谁像李白那样，对待下层人民表示过平等的（不是居高临下的）、真挚的友情？陶渊明曾和农民"共话桑麻"，自己还参加过劳动，但就从他记叙同农民来往的作品看，也绝不如李白对待汪伦、纪叟、荀媪那样一片真情流露。再如李白描写思妇闺怨的作品之多之好，历代诗人亦无出其右者。唐诗中写宫怨的作品很多，写平民思妇的作品并不多，其中名篇如王昌龄《闺怨》（"忽见陌头杨柳色，悔教夫婿觅封侯"）和中唐无名氏所作《春怨》（"打起黄莺儿，莫教枝上啼"），所写大约都是征人思妇。写商人思妇的作品更少，较著者可以举出李益《江南曲》（"嫁得瞿唐贾，朝朝误妾期"）；白居易所说"商人重利轻离别"固然是这方面的名句，但他那首《琵琶行》别有主旨。同类作品虽有，但谁也不像李白对平民思妇倾注过那样大量的同情，而且不止于同情，他还对她们的处境和心情了解入微，刻画逼真；这当然同诗人的社会地位和经历有关。杜甫和白居易有大量直接反映人民痛苦和揭露阶级压迫的光辉杰作，李白在这方面的成就赶不上他们。但是这里我想强调指出：即使在残酷的阶级压

[①] 此首原题《渡荆门送别》，沈德潜《唐诗别裁集》云"诗中无送别意，题中二字可删"，良是。今从沈说。

迫下，劳动人民除了痛苦之外，在日常生活中也还有自己的欢乐、悲伤、愿望……也还有表达这些感情的舞蹈、音乐、诗歌……在这方面，李白和人民更接近一些，他比杜甫、白居易更了解人民日常劳动生活中的各种情趣。譬如《秋浦歌》里那首歌咏冶炼工人的五绝，杜甫、白居易便写不出来！中国古代冶炼业有三千多年历史，描写冶炼工人的却只有李白一篇，而这一篇写得多好呵！再如《鲁东门观刈蒲》中的传神之笔："挥镰若转月，拂水生连珠。"真是活鲜鲜地写出了劳动本身的快感，这在文人作品中也是极少见的。陶潜、孟浩然、王维笔下的田园生活虽亦有真切处，但那静穆、闲逸的情调却是作者自己的。中唐白派诗人写过不少悯农诗，则主要是对农民的辛勤劳苦和深受剥削寄予同情。可是李白对于农民不止于同情，还能欣赏他们乐观、健康、开朗的一面。特别是他那许多描写劳动少女的篇什，泼辣清新，绘声绘色，即使放到真正的民间乐府中去，也要算罕见的佳品。

　　李白作品思想倾向的平民性，是与它形式上的民歌风格相一致的。李白在历史上以"薄声律"著称。不过，孟棨《本事诗》载有这样的故事：李白于醉中奉诏作诗，"上知其薄声律，谓非所长，命为宫中行乐五言律诗十首"，结果非但"略不停缀，十篇立就"，而且"律度对属，无不精绝"；现存《宫中行乐词》八首，内容虽无可取，从形式上看的确都是属对律切的工整五律。可见李白之"薄声律"不是不晓声律，而是有意打破它；元稹、白居易由此抑李扬杜，实在没有道理。不过，附带讲一下，近世又有人据此扬李抑杜，也没有道理。在我看来，近体诗（律、绝）在唐代的成立，乃是中国诗歌形式发展史上的一个伟大进步，它经历了一千多年历史考验，至今仍为爱写旧体诗的人袭用，这个事实本身便说明它自有其存在的理由（至于将来如何发展变化或者消亡的问题，现在谁也说不清）。形式是重要的，但是，话说回来，它终归要由它所表达的思想内容决定。李杜诗在体裁形式上的差异，归根结底系由彼此不同的思想性格和社会经历决定。李白擅长乐府歌行和杂言古诗，过去论家早有定评；五、七言古也是他惯用的体裁。至于近体，绝句也是李白擅长，王世贞所说"五七言绝句李青莲、王龙标（昌龄）最称擅场，为有唐绝唱，少陵虽工力悉敌，风韵殊不逮也"[①]，可以代表许多明清诗话作者的共同看法；李白律诗虽不多（五律较多，七律总共不足十首），用胡应麟的话，却也写得"轻爽雄丽""冠盖辉煌"[②]。问题在于李白的律、绝有时并不受格律约束，如七律《登金陵凤凰台》中首联、颔联、颈联间均不粘，本文所举五律《宿五松山荀媪家》中颈联不拘对偶；至如绝句中之拗句或上下失粘失对的例子，那就更多。严格讲，李白很多作品都很难由体裁归类，可是由宋及清传世李白集本均按体裁分类编次，陈陈相因，盖出不得已（因无编年）；而分类时又不把古、近体分开，

---

① 王世贞《艺苑卮言》。

② 胡应麟《诗薮》。

笼而统之，亦出不得已（因为有些作品既可判入近体又可断为古体）。上述情形，都说明李白运用诗歌体裁是很自由的。其所以如此，有两个原因，一是李白热情奔放的性格要求有适合自己的形式。元稹是抑李扬杜的先驱，不过关于李白的作品风格他倒讲得很精辟："壮浪纵恣，摆去拘束。"前句指思想内容，后句指形式。另一个原因便是本文着重讲的：李白的平民性格使他比别人更重视民间文学。本文共例举作品二十七首，除一首五律两首五古，其余全属乐府歌行或绝句，都和民间文学有密切关系。在乐府当中，有的是沿用旧题而别出新意，即王世贞所说"青莲拟古乐府，以己意己才发之"[①]。如《子夜歌》在南朝乐府《清商曲》中原是写男女私情的，李白用来写征人思妇；《丁都护歌》原是写征人思妇的，李白却又用来讴咏拖船纤夫劳动之苦。更值得重视的是杨齐贤所说"古无此体，自太白始"[②]的那类直接由当时民间文学影响而创制的乐府。如《长干行》和《江夏行》，行世集本将前首类入乐府、后首类入古近体，其实无论从题目、语言风格和内容看，二者均应类入乐府。胡震亨曰："此篇《江夏行》及《长干行》并为商人妇咏，而其源似出西曲。盖古者吴俗好贾，荆郢樊邓间尤盛，男女怨旷哀吟，清商诸西曲所由作也。"又云："太白往来襄汉金陵，悉其人情土俗，因采而演之为长什。一从长干上巴峡，一从江夏下扬州，以尽乎行贾者之程，而言其

---

① 王世贞《艺苑卮言》。

② 见杨齐贤注李诗《三五七言》。

家人失身误嫁之恨、盼归望远之伤。"①

李白乐府固有其历史源流之自,主要还是从当时人情风俗和流行民间歌曲中汲取营养。再如《静夜思》也是"古无此体"的,宋郭茂倩《乐府诗集》搜入《乐府新辞》(卷九十),故后世集本将其类入"乐府"。而《宣城见杜鹃花》《越女词》诸首,虽然同样是不拘粘对或间有拗句、具有鲜明乐府风格的作品,但前人不当乐府看,故后世集本将其类入古近体。要之,唐人绝句源出乐府,也是可以入乐歌唱的,因此实在用不着在乐府歌行和绝句之间划出严格界限。对于我们前面引用的李白作品,虽然现在无法从音乐曲调上了解,但从作品内容和语言风格也可以看出其共同特点。譬如说,李白本是个极爱用典的诗人,特别是他的政治抒情诗,有时竟达到句句有典的程度;他很善于用大量历史故实来表达自己的复杂感情。可是,本文所举作品恰恰相反。除《宿五松山荀媪家》引了一个韩信遇漂母的典故外,其余全未用典。所有这些作品,无不是用极为朴素平易的语言来表达一种单纯、真挚的感情或一种莫可捉着的情趣,洋溢出浓郁的生活气息,闪烁出晶莹耀眼的民间文学的光辉。属于这一领域的作品,最能说明李白与下层社会的接近,最能说明他的平民性格,同时也最能说明他曾经从过去和当时的人民口头创作中汲取营养。

以上介绍了李白诗中的"另一个领域",并从内容和形式两方面做了一些分析。最后要谈的是这类作品在整个李白作品中应

---

① 胡震亨《李诗通》。

占什么地位的问题。

鲁迅先生曾指出,陶潜并非"浑身静穆",还有"金刚怒目"式的一面;在另一篇文章中还说过,李白除了喝酒"耍颠",也还有不喝酒的清醒时刻。评价一个作家,固然要抓住主要方面,也要顾及非主要方面,"倘有取舍,即非全人",这种见解很值得重视。

李白在历史上给人的主要印象,是"笑傲王侯""佯狂放诞",对上层社会充满反叛激情,而同时又心情复杂、忧愤深广;这种印象是由大量豪放、飘逸、纵横变幻的政治抒情诗和一部分歌咏饮酒、山水、游仙的作品提供的。这是李白的主要方面,但毕竟不是全面。本文所说李白诗中的"另一个领域",无论从题材、风格、感情色调及其显示的诗人性格看,均与上述情形迥然不同,它代表了李白的另一方面。从题材上看,它是抒发一些不带政治色彩的感情,或描写下层人民的日常劳动生活;它的艺术风格不是豪放飘逸,而是朴素自然,正可用李白评价别人作品时所说"清水出芙蓉,天然去雕饰"形容;它的感情基调一般说来也不是忧郁与愤怒,而是生趣盎然;从中看出的诗人性格也绝非佯狂放诞,而是诚挚天真。如果说李白的主要方面反映出诗人对于上层社会的反叛性,那他的另一方面则反映出他对生活的热爱和接近社会下层的平民性。两个方面截然不同,甚至正相反,可是并不互相排斥,反而彼此映辉。正因为李白具有热爱生活和接近下层的平民性格,他在污浊的上层社会所感到的孤独和愤懑才更能够被理解；正因为他对待下层人民非常诚挚并充满淳朴的感情，他在上层社会的放浪形骸才更值得同情。反之亦然：正因为李白在政治抒情中表现出狂放傲岸的性格，我们才更欣赏他在日常咏叹中流露出的赤子之心；正因为他的多数作品都具有驱驰造化、惊人魂魄的豪放风格，他那些雍容和缓、咳吐天然的篇什才更显得灿如珠玉，别具魅力。

如果没有大量的政治抒情诗以及许多饮酒诗、山水诗、游仙诗，便看不出李白的主要方面，李白便不成其为李白。如果没有由各种其他题材构成的另一个领域，便看不出李白的另一方面，李白也不成其为李白。两个方面相互辉映，才能充分显示李白作品的深刻人民性及其艺术上的多样性、丰富和完美，才能使我们从他的作品看出那个时代社会生活的全貌。

论李白诗歌中的怀才不遇与人生若梦的主题

李白有一部分直接描写社会灾难和人民痛苦的诗，大家在论文中已经反复征引过了。这些诗的人民性大概是没有人怀疑的，大概也没有人认为它是"盛唐气象"的反映。问题在于李白还有更多的诗并没有直接谈到什么社会问题，而是抒发诗人自己的感情的。有人抽象地肯定这些诗的艺术价值，却对它所包含的社会内容表示怀疑[①]；更多的人说这些诗表现了"最典型的'盛唐气

[①] 谭丕模先生在《李白诗歌中的现实主义的精神》（见《文史哲》，1954年第12期）一文中，引了一些李白直接谈到社会问题的诗来反驳宋人罗大经对诗人的责难；但谈到李白更多的诗——没有直接谈到社会问题的诗时，就不分析它的思想内容，只抽象地谈论"想象力丰富""风格自然""语言有形象性、音乐性"这些艺术表现方面的特点了。吕振羽先生在《简明中国通史》中把李白说成属于统治阶级的歌功颂德的诗人，但接着又对李白诗歌的艺术价值给予崇高评价（见人民出版社1955年版，第344页）。

象'"①。我是不同意这两种看法的。为了全面地揭示李白诗歌的人民性,有必要着重分析他的抒发个人感情的诗歌。

在李白所有的抒情诗中,有两个最常见也最动人的主题——怀才不遇与人生若梦。可以说,这是贯穿着李白绝大部分抒情诗的两条红线;抓住它,就有了中心线索。这样说是否就贬低了李白诗歌呢?首先,这是一个事实;不管从它会得出什么结论,都应该正视它。怀才不遇与人生若梦的思想好不好呢?脱离了对作品和当时历史情况的具体分析是无法回答的。

在对李白诗歌作具体分析以前,得先把诗人活动的时代背景搞清楚。如大家在论文中已经指出的,在隋末浩大的农民起义中建立了自己的政权的唐统治者,为了巩固自己的统治,不得不在初期采取一些比较有利于社会生产力发展的经济措施,这样就造成了社会的繁荣。天宝以前一百二十多年的唐代社会,基本上是处于和平安定的状态的;阶级矛盾也有了暂时的相对的缓和。但统治阶级的一切措施,无非是为了本阶级的利益。到了社会安定

---

① 见林庚先生的《诗人李白》(上海文艺联合出版社1954年版)、王瑶先生的《李白》(华东人民出版社1954年版)、舒芜先生的《李白诗选》序(人民文学出版社1954年版)、许文雨先生的《诗人李白的伟大成就》(《文史哲》,1955年第3期),范宁先生的《李白诗歌的现实性及其创作特征》(《文学遗产》第72期)。这些先生在作具体分析时,都对李白诗歌的人民性作了一定的阐明,但在对李白诗歌的现实性作总的说明时,却得出了与自己的许多分析相矛盾的结论——即认为李白诗歌反映了"盛唐气象"。

繁荣的时候，他们就会失去初年那种"开明"的精神，不断加重对农民的剥削；阶级矛盾就会随着尖锐起来。历代王朝都不例外。唐代社会到了天宝年间，阶级矛盾已经非常尖锐。从什么地方可以看出呢？首先从土地问题上。唐统治者在初期实行了均田制（同时实行了租庸调税制），这种措施在一定程度上提高了农民的生产兴趣，对当时社会生产力的恢复和发展起了积极的作用。但这种措施实行的范围是有限度的，所"均"之田只限于官地和无主的荒地。地主阶级的私有土地并不受均田法令的约束，不仅如此，唐初大批官僚地主和贵族地主除继续占有原来的土地外，还从皇帝那里获得大量赏赐的"永业田"。地主阶级占有大量土地，但课役和地租的负担却完全在农民身上。从高祖时就规定："太皇太后、皇太后、皇后缌麻以上（即五服内）亲，内命妇一品以上亲、郡王及五品以上祖父兄弟，职事勋官三品以上有封者，若县男父子，国子、太学、四门学生、俊士、孝子顺孙、义夫节妇同籍（户籍）者，皆免课役。"①几乎整个地主阶级都享有了免役的特权。同时，地主阶级没有地租负担，甚至地税也是免除的。其次，官府、地主、商人还乘农民的穷困，一齐向农民施放高利贷。农民为生活所迫，只有出卖自己的土地。因而随着土地兼并问题也就逐渐严重起来。唐统治者本来是有一些限制兼并的措施的，"凡卖买，皆须经所部官司申牒，年终彼此除附。

---

① 《新唐书》卷五十一食货一。

若无文牒辄卖买，财没不追，地还本主"①。"诸田不得贴赁及质，违者财没不追，地还本主。"②但事实上从高宗初年以来，土地买卖已经盛行，到了开元，"闻王公百官及富豪之家，比置庄田，恣行吞并，莫惧章程"③。即是说，土地买卖的限制已然破坏了。据吕振羽先生考证，到开元末，受田之户已大多丧失了土地④。据尚钺先生考证，到天宝末年，均田制即告完全破坏⑤。此外，阶级矛盾的尖锐还表现在兵役问题上。唐代是对外用兵相当频繁的一代。这里必须把唐初的基本上是自卫性质的战争，同后来的侵略战争区别开来。现在的历史研究者已经有很好的分析："对北面国境，最初是为着阻止落后部落和部族的进扰，保障人民安居。后来为着对外侵略战争……才转化为大民族主义的军事压迫。"⑥"唐太宗之征伐突厥及其役属国家，保证了社会生产力的继续发展，维护了广大人民的和平生活，这种民族战争也是进步的、正义的战争。但这种进步的、正义的战争继续到玄宗时代，情况就发生了变化。当时不但汉族内部的阶级矛盾已经尖锐化，并且外族对汉族的威胁已不复存在，战争只是唐朝统治阶级

---

① 《通典》卷二食货二。
② 《通典》卷二食货二。
③ 《册府元龟》卷四九五田制条。
④ 吕振羽《简明中国通史》，人民出版社1955年版，第287页。
⑤ 尚钺《中国历史纲要》，人民出版社1955年版，第146页。
⑥ 吕振羽《简明中国通史》，第317页。

穷兵黩武、劳民伤财的行动，人民便不再支持这种战争了。"①这种非正义的战争给人民带来了莫大痛苦："兵之所聚，必有所资，千里运粮，万里应敌，十万兵在境则百万家不得安业。"②"近缘军机，调发伤重，家道悉破，或至逃亡，剔屋卖田，人不为售，内顾生计，四壁皆空。"③"制大募两京及河南北兵，以击南诏。人闻云南多瘴疠，未战士卒死者什八九，莫肯应募，杨国忠遣御史分道捕人，连枷送诣军所。……行者愁怨。"④"（天宝）十二年，剑南节度使杨国忠执国政，仍奏征天下兵。俾留后侍御史李宓将十馀万，辇饷者在外。涉海瘴死者相属于路，天下始骚然苦之。宓复败于大和城北，死者十八九。"⑤土地兼并和征兵的结果，是人口的大量逃亡，这种情况从开元就有了："（开元）八年，天下户口逃亡。"⑥"今诸州逃走户有三万馀，在蓬、渠、果、合、遂等州山林之中。"⑦"时天下户版刓隐，人多去本籍，浮食闾里；诡脱徭赋。"⑧这样就大大地破坏了社会的生产力。到

---

① 黄元起《中国历史上民族战争的评判问题》，学习生活出版社1955年版，第29页。

② 陈子昂《请息兵科》。

③ 《唐会要》卷七七贡举下。

④ 《资治通鉴》卷二一六唐纪三二。

⑤ 《旧唐书》卷一九七南诏蛮传。

⑥ 《通典》卷七食货七。

⑦ 陈子昂《上蜀川安危事三条》。

⑧ 《新唐书》卷一三四宇文融传。

天宝年间，社会表面上虽然呈现着"歌舞升平"的景象，实际上，阶级矛盾已日趋激化，社会危机四伏。到天宝末年，安史之乱起，异族的统治者对人民的压迫更加凶暴残酷，这时阶级矛盾和阶级斗争表现为一种特殊的形式。这才是李白活动的时代背景。认为李白诗歌反映了"盛唐气象"的研究者们，却说诗人是生活在"和平安定""富庶"的环境。他们为了证明自己的说法，都喜欢引用一首杜甫的《忆昔》诗①；为什么举不出更多的令人信服的材料呢？实际上，正当统治阶级"歌舞升平"的时候，广大人民已经过着非常痛苦的生活，他们对现实社会充满了仇恨。唐末黄巢领导的农民大起义，就是这些仇恨不断积累和加强的结果。认为李白诗歌反映了"盛唐气象"的研究者们，由于没有具体地考察当时社会的阶级斗争情况，所以不能透过"盛世"的假象，看见那社会的本质方面，这样，自然也就不能说明伟大文学产生的真正原因。他们都把李白卓越诗歌的产生归结于唐代生产力的高度发展，这说明他们对于历史唯物论的基本原理缺乏理解。是的，我们承认，生产力的高度发展是可以为文学发展提供一些有利物质条件的；但它绝不是伟大文学产生的直接原因。历史唯物主义者认为，作为上层建筑的现象的文学，并不是同生产力直接联系的。否则，如果以为生产力高度发展就能产生伟大文学，那是会造成不可想象的混乱的。列宁说："马克思主义给我

---

① 杜甫的《忆昔》诗也不是对"盛世"的歌唱；而是借忆昔来表示自己对现实社会的不满。

们指出一条基本线索，使我们能在这种仿佛迷乱混沌的状态中找出一种规律性。这条线索便是阶级斗争论。"[1]我们应该仔细地体会列宁这一深刻的见解，才有可能了解李白诗歌产生的原因，并对许多仿佛很复杂的问题作出正确的说明。

　　上面已经简略地说明了当时的历史情况。为了实事求是地把问题搞清楚，我们还需要分析李白的主要活动究竟是在什么年代。至今还没有人为李白诗编年，这给我们的研究工作造成了很大困难。但现在可以看见一帙由宋人薛仲邕编辑，经过王琦补订的李太白年谱，那里面根据可靠材料将一部分李白诗按年编排出来了。从这种粗略的编年中可以看出，李白在入长安（天宝二年）以前写的诗非常少，而且是不重要的，如《大鹏赋》《登峨眉山》《登锦城散花楼》《代寿山答孟少府移文书》《东鲁行答汶上翁》《赠孟浩然》等。这些诗已显示出诗人的才华（否则怎么能"名动京师"呢），但内容是不够深刻的；诗人只是一般地抒发自己的功名抱负，缺乏社会内容，因而感人的力量也是不大的。诗人入长安以后，由于看清了统治阶级的腐败本质，于是写出了《古风》（大部分是入长安以后所写）、《玉壶吟》、《答王十二寒夜独酌有怀》等一系列有着丰富社会内容的杰作。这时即使谈到一般的相逢送别，也发出了"正当今夕断肠处，黄鹂愁绝不忍听"（《灞陵行送别》）的深沉有力的声音。这时才出现了我们所熟悉的李白的面貌。认为李白诗反映了"盛

---

[1] 列宁《论马克思和恩格斯》，人民出版社版，第17页。

唐气象"的研究者们都把安史之乱作为诗人创作道路上的一条分界线；以为安史乱前诗人基本上是"歌唱""上升发展的现实"，安史乱后才着眼于灾难的现实。这种分法是没有根据，没有意义的。如果真要在李白创作的道路上分出前后期，那就应该把分界线提前十二年（即入长安那年——天宝二年）。李白最重要的活动是在后期。虽然李白在这以前已经活了四十二岁，并且已经成名，但作为一个伟大的爱国者和人民的诗人，是在最后二十年才表现出来的。这二十年，是诗人不断受到排挤、诬陷、迫害的二十年，为统治阶级所不喜欢的二十年；是统治阶级已极端腐化，而广大人民日益痛苦的二十年。李白诗歌并不如许多研究者所说，出现在阶级矛盾十分缓和的时候；相反，是出现在阶级矛盾十分尖锐的时候。

　　唐初政治是比较开明的："上曰：'王者至公无私，故能服天下之心，朕与卿辈，日所衣食，皆取诸民者也。故设官分职，以为民也。当择贤才而用之。'"[①]"太宗曰……我平定四海，天下一家，凡在朝士，皆功效显著，或忠孝可称，或学艺通博，所以擢用。"[②]"太宗尝曰：'朕思天下事，丙夜不安枕。永惟治人之本，莫重刺史，故录姓名于屏风，卧兴对之。……'于是官得其人，民去叹愁。"[③]到了开元呢？"凡大政事，帝必令源乾曜就咨

[①]《资治通鉴》卷一九二唐纪八。
[②]《旧唐书》卷六五高士廉传。
[③]《新唐书》卷一九七循吏传序。

焉。乾曜所奏善，帝则曰：'是必崇画之。'有不合，则曰：'胡不问崇？'"①"宋璟刚正，又过于崇；玄宗素所尊惮，常屈意听纳。"②以上记载并不完全可信，且需要用我们的观点对它重作解释。但从中总可看出，当时统治者还有励精图治的精神（这种旨在安定繁荣社会的努力在当时是符合人民利益的），因而能容纳一些有才干的人，政治表现得比较开明。这种社会情况激发中下层知识分子产生建功立业的幻想；李白就是这样的知识分子（可参看他的《与韩荆州书》《上安州李长史书》《赠何七判官昌浩》《赠张相镐》）。李白在诗中常常表示出对周公、鲁仲连、张良、诸葛亮等人的景慕，并借他们的故事来表达自己的抱负。

但当李白参加政治活动的时候，统治阶级已经腐化，已经是李林甫、杨国忠当权，皇亲贵宦当权的黑暗时代了。当时的政治情况也可以从一些史料中看出点眉目："林甫恃其早达，舆马被服，颇极鲜华。自无学术，仅能秉笔。有才名于时者，尤忌之。"③"林甫善刺上意。时帝春秋高，听断稍怠，厌绳检，重接对大臣，及得林甫，任之不疑。林甫善养君欲，自是帝深居燕适，沈蛊衽席……附离者虽小人，且为引重。同时相若九龄、李适之皆遭逐；至杨慎矜、张瑄、卢幼临、柳升等缘坐数百人，并

---

① 《新唐书》卷一二四姚崇传。
② 《新唐书》卷一二四姚崇宋璟传赞。
③ 《旧唐书》卷一零六李林甫传。

相继诛……谏官皆持禄养资,无敢正言者。"①在这种情况下,一个不愿同流合污的正直的人是没有出路的。李白的怀才不遇的思想就是在这种情况下产生的。

李白曾一度入宫,但不久就被排挤离开长安,终生到处漂泊,唱着"而我竟何辜,远身金殿旁"的悲哀的调子。他在难以数计的诗中反复地倾诉怀才不遇的痛苦心情(可参看他的《古风》十二、十五、二十七、三十七、三十八、四十、四十九、五十,以及《行路难》《门有车马客行》《玉壶吟》《赠从弟冽》《邺中赠王大劝入高凤石门幽居》《于五松山赠南陵常赞府》《赠韦侍御黄裳》《鞠歌行》《远别离》《梁甫吟》等诗)。就在宫中,他也是不得意的,认为自己是"大隐金门":

> 烈士击玉壶,壮心惜暮年。三杯拂剑舞秋月,忽然高咏涕泗涟。……世人不识东方朔,大隐金门是谪仙。……君王虽爱蛾眉好,无奈宫中妒杀人!(《玉壶吟》)

从他的诗中也可看出,他并不是无原则地为了功名富贵钻营,而是有着崇高的政治理想,所以他觉得自己是正直的,自己的不遇是无辜的:

> 一身竟无托,远与孤蓬征。千里失所依,复将落叶并。

---

① 《新唐书》卷二二三李林甫传。

中途偶良朋,问我将何行?欲献济时策,此心谁见明!(《邺中赠王大劝入高凤石门山幽居》)

由于他不愿同流合污,才遭到了嫉妒。他极端蔑视那些不学无术的宫廷权贵,叹息在社会上贤能之士的没有出路:

大道如青天,我独不得出。羞逐长安社中儿,赤鸡白狗赌梨栗!弹剑作歌奏苦声,曳裾王门不称情。淮阴市井笑韩信,汉朝公卿忌贾生。……昭王白骨萦蔓草,谁人更扫黄金台!(《行路难》其二)

诗人还常用寓言的方式表现自己怀才不遇的痛苦:

凤饥不啄粟,所食唯琅玕。焉能与群鸡,刺蹙争一餐!朝鸣昆丘树,夕饮砥柱湍。归飞海路远,独宿天霜寒!(《古风》其四十)

美人出南国,灼灼芙蓉姿。皓齿终不发,芳心空自持。由来紫宫女,共妒青蛾眉。归去潇湘沚,沉吟何足悲。(《古风》其四十九)

宋国梧台东,野人得燕石。夸作天下珍,却哂赵王璧。赵璧无缁磷,燕石非贞真。流俗多错误,岂知玉与珉!(《古风》其五十)

为草当作兰,为木当作松。兰幽香风远,松寒不改容。

松兰相因依,萧艾徒丰茸。鸡与鸡并食,鸾与鸾同枝。(《于五松山赠南陵常赞府》)

诗中频频出现的群沙、众草、群鸡、紫宫女、桃李,都是对宫廷权贵的代称。在这种近于晦涩的寓言中隐藏着对当权者的深刻的、简直是难以表达的蔑视和仇恨;晦涩,但绝非出于什么"怨而不怒"。这些优美的寓言诗充分表现了诗人在奴颜婢膝和荒淫无耻的宫廷权贵之间的孤独,表现了他对那充满嫉妒和令人窒息的上流社会的极端憎恶。这些诗显示出在污浊的社会中的一个高尚的人的痛苦,在是非不明、黑白颠倒的社会中的一个天才人物的痛苦;显示出李白时代的优秀人物的悲惨命运,他们不能给自己的才能找到用途,注定要在忧愁和无为中度过一生。

在苦闷和绝望中,抵抗安史的战争发生,才使诗人为自己找到一条真实的出路:在抗战中为祖国建立奇勋。诗人的英雄思想与爱国情绪完全一致了。这时他常常提到祖国的历史和祖国的人民,充满了痛苦和焦急的情绪。他在永王军中写诗说:

胡沙惊北海,电扫洛阳川。虏箭雨宫阙,皇舆成播迁。……卷身编蓬下,冥机四十年!宁知草间人,腰下有龙泉!浮云在一决,誓欲清幽燕!……齐心戴朝恩,不惜微躯捐!
(《在水军宴赠幕府诸侍御》)

当永王军被击溃,他在奔亡途中还说:

过江誓流水，志在清中原！拔剑击前柱，悲歌难重论！
（《南奔书怀》）

他讴歌抗战，并且亲身参与，在抗战中表现了惊人的百折不挠的精神：在浔阳参加了永王水军（见《永王东巡歌》等诗），不久永王军被肃宗李亨派兵击溃，诗人入狱（见《百忧章》《万愤词》等诗）；后来被宋若思、崔涣营救出狱，立刻又参加了宋若思的军队（见《为宋中丞自荐表》与《中丞宋公以吴兵三千军次浔阳》诗），并随军到了武昌（见《陪宋中丞武昌夜宴》），后因故（不详）离开；病卧宿松时又呈诗张镐要求抗战，不报，后终以从璘一案长流夜郎（见《流夜郎赠辛判官》《留别贾舍人至》等诗）；次年遇赦后在各地漂流，不久，又在金陵参加了李光弼的军队，准备抵抗史朝义，但半道病还（见《留别金陵崔侍御》），那时诗人已六十一岁（临死前一年）。只要想到上述事实，想到那许多动人的诗篇，至今我们还会受到那激昂的爱国情绪的感染。但从过去的诗话和史书中我们知道，诗人这种高尚的行动并不为人所理解，反而遭到了各种曲解和中伤。当时另一伟大诗人杜甫在这期间写了许多怀念李白的诗篇。杜甫说："世人皆欲杀，吾意独怜才！"（《不见》），从这儿即可看出当时社会舆论对李白有过多么恶毒的攻击。统治者和他们豢养的御用文人对李白这样仇恨，就更加证明李白是属于人民的诗人。在阶级社会中，有御用文人，也有属于人民的诗人。虽然在表面上他们之间有着难以识别的共同的地方，虽然人民的诗人有时也在上流社会中生活，而御用文人有时也假惺惺地表示关怀人民，但他们之间仍然有重要的区别。在阶级矛盾尖锐的时候或在一些重大的问题上，这种区别就非常鲜明地显露出来了。他们不仅有区别，而且经常处于对立的地位。李白在抗战中所表现的爱国情绪和自我牺牲的精神，远远地高出了当时除杜甫以外的一般诗人，同那些跟着皇帝逃跑的、投降的、当长安刚刚收复立刻又围在宝座周围来歌唱升平的御用文人的卑劣行径，形成了强烈的对比。李白在流放途中遇赦时写了一首将近千字的长诗；这首诗与杜甫的《自京赴奉先咏怀》《北征》有着同等重要的性质。在这首诗中诗人概括地描写了安史之乱和自己在这过程中的痛苦的经历和焦虑的心情。诗人隐晦但却有力地责骂着当权者的昏庸、短见和无能；另一方面又反复地诉说祖国的灾难和自己的痛苦。诗人个人的不幸与广大人民的不幸非常和谐地交织在一起了，我们简直分不出诗人哪里说的是人民，哪里说的是自己：

> 君王弃北海，扫地借长鲸。呼吸走百川，燕然可摧倾！心知不得语，却欲栖蓬瀛。弯弧惧天狼，挟矢不敢张。揽涕黄金台，呼天哭昭王！……炎凉几度改，九土中横溃。汉甲连胡兵，沙尘暗云海；草木摇杀气，星辰无光彩！白骨成丘山，苍生竟何罪？……二圣出游豫，两京遂丘墟！……夜郎万里道，西上令人老。……日月无偏照，何由诉苍昊！……桀犬尚吠尧，匈奴笑千秋。中夜四五叹，常为大国忧！（《书怀赠江夏韦太守良宰》）

抗战并没有使诗人找到出路，相反，新的失望带来了更大的痛苦。他同当时的广大人民一样，一直是处在受压迫的地位；虽然这压迫的性质不同。这使他接近人民，对统治阶级则充满仇恨。李白对人民是怀着深切的同情的。就是在歌唱对安史的抗战时，诗人也没有忘记人民的痛苦。同杜甫一样，他一方面赞成这种正义的战争，一方面发出"白骨成丘山，苍生竟何罪""何日王道平，开颜睹天光"的沉痛的呼声。这种矛盾的心情充分显示出伟大诗人思想的深刻和头脑的清醒。华先宏先生在他的文章①中很俏皮地说："但若一定要请他和杜甫'并肩'，那么我们也就很难在李白的精神领域里找到如'石壕吏'那样的气质和心情了。"（华先生对李白诗歌的人民性是根本表示怀疑的。）但事实证明华先生的俏皮是毫无根据的。像杜甫在《石壕吏》中所表现的那种心情在李白精神领域中是完全可以找到的，只是由于诗人的个性和生活经历的不同，表现的方式和程度也有所不同罢了。李白对人民的同情，还表现在他的反对开边和讴歌和平生活的许多诗歌；这已由过去的许多论文指出了，不再详述。这里只需举出一首诗，就可看出诗人谈到人民的痛苦时怀着多么真实的激动：

烛龙栖寒门，光耀犹旦开。日月照之何不及此，惟有北风号怒天上来。……别时提剑救边去，遗此虎文金鞞靫；中

---

① 《读〈诗人李白〉后的感想》，载《文学遗产》第48期。

有一双白羽箭，蜘蛛结网生尘埃。箭空在，人今战死不复回。不忍见此物，焚之已成灰。黄河捧土尚可塞，北风雨雪恨难裁！(《北风行》)

李白对统治阶级进行了大胆的攻击（可参看他的《古风》四十六、五十三，《雪谗诗赠友人》，《书情赠蔡舍人雄》，《赠溧阳宋少府陟》，《答王十二寒夜独酌有怀》，《古风》三、五十一、十八、二十四、四十八）。他在诗中一再揭露政治的黑暗和统治阶级的腐败的荒淫无耻的生活。像伟大俄国诗人莱蒙托夫痛苦地承认自己的祖国是"奴隶的国家"一样，李白痛苦地说到他的祖国是充满昏君、奸臣和青蝇的国家：

白璧何辜，青蝇屡前。群轻折轴，下沉黄泉。众毛飞骨，上陵青天。萋斐暗成，贝锦粲然。泥沙聚埃，珠玉不鲜。……拾尘掇蜂，疑圣猜贤！哀哉悲夫，谁察余之贞坚？彼妇人之猖狂，不如鹊之彊彊；彼妇人之淫昏，不如鹑之奔奔。坦荡君子，无悦簧言。擢发赎罪，罪乃孔多。倾海流恶，恶无以过。人生实难，逢此织罗。积毁销金，沉忧作歌！……妲己灭纣，褒女惑周。……万乘尚尔，匹夫何伤！辞殚意穷，心切理直；如或妄谈，昊天是殛！(《雪谗诗赠友人》)

他借用历史故事，来揭露当时社会奸臣当权，正直的人不断

遭受排挤、陷害、杀戮的事实:

> 君不能狸膏金距学斗鸡,坐令鼻息吹虹霓;君不能学哥舒,横行青海夜带刀,西屠石堡取紫袍。……孔圣犹闻伤凤麟,董龙更是何鸡狗!一生傲岸苦不谐,恩疏媒劳志多乖。严陵高揖汉天子,何必长剑拄颐事玉阶。……君不见李北海,英风豪气今何在?君不见裴尚书,土坟三尺蒿棘居!
> (《答王十二寒夜独酌有怀》)

> 殷后乱天纪,楚怀亦已昏!夷羊满中野,绿葹盈高门!比干谏而死,屈平窜湘源。虎口何婉娈,女嬃空婵娟。彭咸久沦没,此意与谁论!(《古风》其五十一)

李白没有被"盛世"的假象蒙蔽,深刻地看出了当时政治的腐败本质;"如或妄谈,昊天是殛",对于自己的观察是这样深信不疑。这种大胆的精神在当时其他诗人的作品中是根本看不见的。这就是李白远远高出一般诗人的地方。从这里就可以看出,李白并不是什么"盛世"的歌唱者,而是那黑暗社会的无情的揭露者。

从上面我们可以看出李白诗歌的一个基本特点:诗人无论谈到什么问题的时候,总是同自己的怀才不遇的叙述分不开的,诗人经常是通过怀才不遇的抒情来反映社会的。怀才不遇在阶级社会中是一种常见的思想,但有各种不同的怀才不遇。如果怀才不遇只是个人功名富贵上的失意,同人民的情绪没有任何联系,那就只能看作统治阶级内部矛盾的产物,没有什么价值。但在阶级社会中,统治阶级内部会出现一些接近人民的优秀人物,他们的言行总是自觉地或不自觉地、或多或少地体现人民的利益和人民的思想。统治阶级对他们的压迫往往就意味着政治的黑暗、腐败和阶级压迫的残酷。因而这些优秀人物的怀才不遇就有可能具有深广的社会内容。李白通过怀才不遇的叙述提出了具有重大意义的问题:政治的黑暗、开边战争以及具有巨大破坏性的安史之乱(所有这些都是当时社会存在的最严重的问题)。重要之点还在于诗人在说明这些问题时是从人民的立场出发的,他把一切罪过都归于腐败的统治阶级。虽然诗人常常谈到自己,但"他的痛苦和幸福的根子深深地伸进了社会和历史的土壤里"①,诗人的个人情绪与人民性不是互相排斥,而是完全一致的。李白的怀才不遇的诗歌的现实性就在这里。

李白诗中充满矛盾。过去的研究者都是在诗人本身、诗人的思想中去找原因(如说这是诗人的从政要求同出世思想的矛盾、道家思想同儒家思想的矛盾等等),但我们从上面的分析中已经可以看出,这矛盾实际上是当时复杂的社会矛盾的反映。在以《将进酒》为代表的许多诗中,这种矛盾达到了最高的表现,展开了另一个可以说是更加深刻的主题。

---

① 转引自《苏联人民的文学》上册,人民文学出版社1955年版,第128页。

君不见,黄河之水天上来,奔流到海不复回。君不见,高堂明镜悲白发,朝如青丝暮成雪。人生得意须尽欢,莫使金樽空对月。天生我材必有用,千金散尽还复来。烹羊宰牛且为乐,会须一饮三百杯。岑夫子、丹丘生,将进酒,杯莫停。与君歌一曲,请君为我倾耳听。钟鼓馔玉不足贵,但愿长醉不用醒!古来圣贤皆寂寞,惟有饮者留其名。陈王昔时宴平乐,斗酒十千恣欢谑。主人何为言少钱,径须沽取对君酌。五花马、千金裘,呼儿将出换美酒;与尔同销万古愁!
(《将进酒》)

诗中没有直接提到任何社会问题,但它的社会意义却自然而然地流露出来了。列宁曾告诫我们不要把反映论庸俗化,他在《哲学笔记》中说:"艺术并不要求承认艺术作品就是现实。"[1]我们都知道,伟大俄国作家托尔斯泰的主要著作都不是以农民生活为题材的,《战争与和平》和《安娜·卡列尼娜》中的主人公都是贵族男女,但列宁却称托尔斯泰为"俄国千百万农民在俄国资产阶级革命到来时所具有的思想和情绪的表现者"[2],说他"善于以惊人的力量表达被现代制度所压迫的广大群众的情绪,描绘他们的境况,表现他们自发的抗议和愤怒的情感"[3];普希金的

---

[1] 转引自《苏联文学艺术论文集》,学习杂志社1955年版,第277页。
[2]《马恩列斯论文艺》,人民文学出版社1953年版,第89页。
[3]《马恩列斯论文艺》,人民文学出版社1953年版,第94页。

《奥涅金》也是以贵族男女的爱情故事为题材的，但别林斯基却称它为"俄罗斯生活的百科全书和最高级的人民作品"[①]；伟大俄国诗人普希金、莱蒙托夫的许多抒情诗，都是抒发诗人自己的情感的，但俄国民主主义的批评家和今天苏联的批评家都指出了它的深刻的人民性，从而给予崇高的评价。这一切事实说明，评价一个古典作家或古典作品，最重要的关键不在于作品的题材是什么、描写的直接对象是什么，而在于作品中所表现的思想情感的倾向如何、深度如何。苏联的批评家凯明诺夫正确地指出："艺术的人民性意味着，不管艺术家所描写的是什么情节、事件、现实中的哪一方面，但他对被描写的东西的态度和评价都应该渗透人民的思想和情感。"[②]如果我们不对作家所创造的生动的艺术形象作具体深入的分析，不根据作品的思想倾向来评价作品，以为只有直接描写人民时才具有人民性，直接谈到社会问题时才具有社会内容，那么，不只是李白诗歌，许多优秀的古典诗歌都会遭到无辜的贬低，从而使我们接受文学遗产的工作遭到巨大损失。在《将进酒》中，有着浩如瀚海的忧郁和愤怒的情绪。在那动人的忧郁中，表现出了一种到了绝望地步的对整个社会生活的怀疑；在那不可抑制的愤怒中，隐藏着对一切旨在迫使人们对现状屈服的统治力量的反抗。如果我们再回忆一下诗人一生的经历，回忆一下他的直接谈到社会问题的诗中所表现的反抗精神，

[①]《普希金文集》，时代出版社1954年版，第296页。

[②]《苏联文学艺术论文集》，第42页。

那会使我们更加明确《将进酒》所包含的深刻的社会内容（我们反对用作者的身世代替对文学作品的具体分析，但却承认作家的生活经历对他的创作起着严重影响）。如果说《雪谗诗赠友人》表现了对黑暗政治的抗议，《战城南》表现了对开边政策的抗议，那么，《将进酒》就表现了对整个现存社会秩序的抗议。《将进酒》的现实性就在这里。唐代诗人常说李白诗能惊风雨泣鬼神，说得很好。但这并不是由于诗人的什么天生的资质，而是由于他的忧郁、愤怒的情绪同当时广大深受压迫的人民的情绪有着深刻的共鸣。人生若梦是贯穿着全篇的中心主题。有各种不同的人生若梦。如果人生若梦是剥削者在闲适无聊时发出的苍白的感叹，那自然是没有意义的。但《将进酒》中的人生若梦，实际上就是对现实社会的怀疑和否定，是充满斗争性的。"但愿长醉不用醒"并没有给人颓废的感觉，反而激起人产生奋发的情绪，原因就在这里。《将进酒》是李白的代表作。《将进酒》中的忧郁、愤怒的声音在李白绝大部分诗中荡漾着，构成了李白诗歌的基调。李白常常谈到饮酒、游仙、山水，但诗中所表现的常常不是这些事情本身，而是诗人对现实社会的强烈不满。这只要回忆一下《宣州谢朓楼饯别校书叔云》《春日醉起言志》《月下独酌》《把酒问月》这些诗就行了。这些诗同《将进酒》一样，在狂歌醉饮后面隐藏着"愁多酒虽少，酒倾愁不来"的忧郁、愤怒的情绪，贯穿着人生若梦的主题。这些诗也同《将进酒》一样，实际上是更加集中地反映了当时的社会矛盾。

林庚先生在《诗人李白》一文中夸大了知识分子（布衣）在

历史上的作用，并把李白诗歌的深刻内容归结为狭隘的知识分子情绪（布衣感），是错误的；但他指出李白是个有抱负的政治家，不是不可理解的神秘人物，却是很对的。这无论从诗人一生的活动中或从他的诗中都可得到证实。这一重要的事实历来是被人忽视的。可惜至今还有人对这表示怀疑。甚至有些浅薄的人把这说成是诗人庸俗的一面，他们责备诗人恋恋不忘于宫殿，嘲笑诗人在晚年还想做个京官。但事实上，从屈原起，中国许多伟大的古典作家都同时是政治家。他们施展抱负总是要通过皇帝的，在当时他们不可能想象什么另外的制度。他们往往目睹皇帝的昏庸腐败，狠狠地讽刺他、咒骂他，却又只能把希望寄予他；这是不可避免的历史悲剧。他们的共同点，是有政治理想，并非无原则地想做官。因此他们同一般统治阶级的人物相反，不受功名富贵的引诱，不求皇亲贵宦的提拔。他们总是代表着当代的先进思想，向社会上的黑暗、腐朽、庸俗的势力和一切不合理的现象做斗争，因而总是受到排挤、诬陷和迫害的。然而这一切并不能使他们动摇。在上流社会中，他们真是如李白所说的孤直的松柏、众草中的孤芳。这就是他们优秀的地方、伟大的地方。这就使他们虽然生活在上流社会，却处在与统治阶级对立，而与人民接近的地位。这就使他们虽然没有直接描写人民，但在他们的个人抒情中却渗透着人民的思想。李白就是这样一个伟大的作家。怀才不遇和人生若梦是李白诗中最常见的思想，二者常常是互相交织的，在他的许多卓越的诗中常常同时贯穿着这两种思想。这种抒情包含着深刻的社会内容和鲜明的倾向性。

诗人李白也有他软弱的一面。但这并不像有些人所说,诗人常常表现"章台走马""眠花醉柳"的生活(只要我们不受因袭的看法的影响,仔细地读读诗人的全集,就可以知道这种东西在李白诗中是很少见的)。李白的软弱面,是他在痛苦和绝望中常常产生一种虚无的和个人解脱的思想。可以说,在李白绝大部分诗中都掺杂着这种消极思想,甚至像《将进酒》那样的辉煌的作品也不能免。毛主席在《新民主主义论》和《延安文艺座谈会讲话》中谈到接受文化遗产时,都曾教导我们要批判地吸收。这就要求我们作具体的分析。如果我们习惯于简单地肯定或否定一个作家,简单地肯定或否定一部作品,都常常会造成错误的。在阶级压迫的时代,许多伟大的作家也可能有他软弱的一面,而且这软弱的一面还可能表现在他的成功的作品中。在李白许多对现实社会提出了猛烈抗议的诗篇中,常常掺杂着"人生达命岂暇愁,且饮美酒登高楼"这样的虚无色彩和个人主义的气质。这自然不是属于人民,而是属于统治阶级的东西。但就是这软弱的一面,也有它所由产生的社会根源的。过去许多人把李白的虚无思想归结为庄子思想。明代有个最推崇李白的,称李白为"古今诗圣"[①]的杨慎,就曾把李白同庄周并提[②]。和许多古代诗人一样,李白是受了庄子思想的影响的。但李白诗中的虚无思想主要应该从当时社会中找出根源。事实非常清楚:诗人的虚无思想是由于

---

① 杨慎《周受庵诗选序》。

② 见《杨升庵外集》。

他感到"人生在世不称意"产生的。常常是这样：诗人在尽情发抒了自己对现实的不满以后，接着在无可奈何中表现出一种虚无的和个人解脱的思想（可参看《行路难》《扶风豪士歌》《赠王判官》《经乱后将避地剡中》等诗）；这同庄子的"物无非彼，物无非是"①的根本否认是非观念的虚无主义自不可同日而语。就从诗人这软弱的一面，也可看出残酷的社会压迫所加在诗人身上的烙印。残酷的社会压迫产生了李白的强烈的反抗精神，同时也产生了来自统治阶级的消极的附产物。但诗人毕竟没有被这软弱的一面所淹没。虽然对社会生活已感到痛苦和失望，他并没有像历史上不少诗人那样，钻进自我的小天地，念起佛经来了。诗人对于反抗压迫和争取合理的生活有着不知疲倦的热情。就在狱中，也写出了渴望生活、渴望斗争的《百忧章》《万愤词》；在流放归途中，也不断发出像"我且为君捶碎黄鹤楼，君亦为我倒却鹦鹉洲"这样的不平的吼声。《新唐书》中说"白晚好黄老"，这是一种中伤；为了指出它的捏造性，只需提出诗人六十一岁时还请缨参军这事实，和他半道病还时所写的那首长诗就够了。在过去学者眼中，李白是一个不知天高地厚的"不达理"的奇人。但我们看来，诗人身上体现了阶级社会中受压迫的人民的许多宝贵品格；只是那社会太黑暗，才造成了诗人性格的某些畸形发展。我们同过去的学者相反，认为李白的性格并不是天生的神秘的东西，而是在当时社会复杂而尖锐的矛盾中逐渐形成的，并且在指

---

① 庄子《齐物论》。

出诗人思想中的虚无和个人主义成分的同时，对于他那在上流社会中独来独往、不为富贵所诱、不为权威所胁的永不妥协的孤高性格，和他那正直、勇敢、酷爱自由、充满反抗情绪和自我牺牲精神的雄伟形象，给予崇高的评价。

李白的出现不是偶然的。李白青年时代，正值中国封建社会繁荣发展的时期。当时中国在经济、政治、文化各方面都有高度发展，成为当时世界上最先进的国家之一。李白是在这样一种优越的环境中成熟的。但当李白以一个卓越的诗人的姿态出现时，面对着的已经不是"上升发展的现实"，而是唐帝国开始崩溃的时期了。当时阶级矛盾与民族矛盾已非常尖锐，封建制度的多种罪恶已经暴露无遗。李白就是在这样一个大变动时代出现的卓越的歌手。李白诗歌，就是中国封建社会从统一、繁荣走向崩溃前夕的"山雨欲来风满楼"的景象的天才写照。诗人不可能超越他的时代预言一千多年以后的事情，但若把那散在各篇诗中的"积木"合拢来，我们就看见了一幅不仅是唐王朝，而且是整个封建社会日趋崩溃的生动图画了。诗人是没有为这罪恶的制度作辩护的（虽然他当时还不可能梦想有什么新的制度）；诗人的忧愤是出于对祖国的关怀和对社会上普通人的悲惨命运的不平。从李白诗歌中，可以听到当时广大人民的呼声，看见比过去的历史记载更加真实更加本质的东西。李白诗歌的深刻的人民性和现实主义精神就在这里。李白诗歌是非常忧郁的（但认为李白诗歌反映了"盛唐气象"的研究者们却硬说李白诗歌充满了"乐观情绪""少年的解放精神""青春奋发的情感"，这只能说是一种奇怪的见解),关于这忧郁所由产生的社会根源,我们在上面已经反复地加以说明了。为了进一步扫除疑虑,可以看看别林斯基在谈到《奥涅金》的晦涩的缺陷时讲的一段话:"诗人如此忠实地掌握了社会生活在一个特定时期内的现实,这不是他的伟大的优越性吗?假如在奥涅金中没有什么东西使我们明显地感到晦涩或者落伍,那显然这首诗缺乏真实性,它只描绘了一个想象中的社会,而不是一个实际存在的社会。"①别林斯基在这里生动地阐明了一个唯物论美学的基本观点——历史主义的观点。同样,我们可以说李白诗中的忧郁色彩正构成了它伟大的优越性。在我们今天看来是一种缺陷的忧郁色彩,在当时社会却是无比真实的东西,这种忧郁色彩在其他许多伟大的古代诗人如屈原、杜甫、白居易诗中也有(虽然各有各的特点);这正是中国封建社会中阶级压迫特别残酷、人民生活极端贫困痛苦的一种反映。相反,那些御用文人捏造出来的"盛唐之音"之类才是反现实的虚伪的声音。有人也许会因为在李白诗中看不见那种对于未来的信心感到遗憾。是的,伟大作家是可能表现现实中并不存在,但将来就会实现的东西的;但这一定要现实中已经存在新东西的萌芽和因素,作家才能借以窥视到将来。俄国十九世纪的许多伟大作家(如普希金、莱蒙托夫、契诃夫)的作品中洋溢着对于未来的乐观情绪,是因为当时革命运动在各地已有蓬勃的发展。但李白所面临的,不是革命的风暴,而是腐败的统治阶级把社会从统一、繁荣拖向

---

① 《论普希金的"奥尼金"》,泥土社1953年版,第33页。

黑暗深渊的反动的历史风暴,所以李白诗中有着与莱蒙托夫的"又寂寞又悲伤"的调子、和涅克拉索夫的愤怒的声音非常亲近的东西(虽然他们相距一千多年,生在不同的国度,但都是在阶级压迫特别残酷的时代出现的伟大诗人),却没有他们诗中那种对于未来的乐观情绪(像普希金在《纪念碑》一诗中所表现的)。

  上面通过对李白诗中的怀才不遇和人生若梦的主题的分析,已经说明了诗人李白的主要方面。但为了全面地认识李白,必须指出,诗人除了忧郁、愤怒以外还有他另外的一面。诗人曾怀着激情歌唱自然界。在《蜀道难》中,通过那神秘的悲鸟和深邃的古木……我们看见了人格化了的、有力的秦岭山脉;在梦幻似的《梦游天姥吟留别》中,充满千变万化的奇景,出现了与污浊的现实社会对立的想象中的非人间的乐园。诗人还刻画了来自民间传说、历史故事的许多栩栩如生的形象:绝艳的西施、自持的罗敷、报仇杀人的勇妇、击筑的高渐离、易水悲歌的荆轲、聂政、苏武……这些人同现实社会中的"青蝇"相反,具有单纯、高尚的品格。诗人还尽情地描写了"黄河若不断,白首长相思"的真挚的友谊、"宁同万死碎绮翼,不忍云间两分张"的妇女的忠贞的爱情;诗人对思妇充满同情,为她们发出像"别来几春未还家,玉窗五见樱桃花。……东风兮东风,为我吹行云使西来;待来竟不来,落花寂寂委青苔""乱愁心,涕如雪,寒灯厌梦魂欲绝;觉来相思生白发!盈盈汉水若可越,可惜凌波步罗袜""相思无日夜,浩荡若流波""当君怀归日,是妾断肠时""早晚下三巴,预将书报家,相迎不道远,直至长风沙"这样的悲楚感人的声音。李白诗中,还有关于思乡(见《静夜思》《宣城见杜鹃花》等诗)、别离(见《灞陵行送别》《赠汪伦》《金陵酒肆留别》等诗)、春思(见《惜馀春赋》《愁阳春赋》等诗)以及游子心情(见《秋浦歌》其二、《寄东鲁二稚子》、《清溪行》、《客中作》、《太原早秋》等诗)的各种细腻的描写。上述诗篇,都富有清新的气息,闪烁着一种童话般的单纯而朴素的光辉。但这也绝不是什么对于"盛世"的歌唱。诗人在这里展开了远离被"青蝇"盘踞的上流社会的另一个世界。这里诗的思想、题材、形象和语言都具有民间乐府般的惊人的纯真和朴素,发出浓厚的民间的气息。在淳朴的民间,只是在淳朴的民间,诗人才找到了真正的人类温暖感情的无尽的泉源。但就在这些充满柔情的抒情诗中,仍能看出一股淡淡的哀愁,和一种仿佛是非人间的脆弱的幻想色彩;这正是残酷的阶级压迫的一种投影。完全脱离了现实社会的世外桃源是没有的。然而,这些诗同那些忧郁、愤怒的诗究竟有所不同。当谈到昏君、奸臣和腐败庸俗的上流社会时,出现了忧郁、愤怒的李白,"手持绿玉杖"的玩世不恭的李白,"狂人"的李白;当谈到自然界、历史和淳朴的民间时,就出现了温和善良的李白、"思君若汶水,无日不悠悠"的深悉人间乐趣的李白、普通人的李白。两种态度不同而又是统一的:都是基于对祖国、人民和对生活的爱。有了上述这些优美的抒情诗,就使我们更能看出诗人身上的人道主义的光辉,同情他在上流社会中的那种正义的愤怒。但最后还应该说明,李白写得最多、最有代表性的,还是那些贯穿着怀才不遇和人生若梦的思想的、对现实社会提出了猛烈抗议的作品。李白留给我们的印象是忧郁而愤怒的。

我们已经比较广泛地分析了李白诗歌,并且从当时的社会现实中找出了诗歌所由产生的根源,从而肯定了它的价值。由以上我们可以得出什么结论呢?约可如下:

一、李白绝大部分诗歌都包含着丰富的社会内容;但它经常不是通过对社会问题的直接叙述,而是通过个人抒情的方式表现出来。那种认为李白诗歌只有艺术价值但却缺乏社会内容的看法是没有根据的。

二、怀才不遇和人生如梦是李白诗中最常见的主题。它表现了李白时代的优秀人物的痛苦和愤懑的情绪,这种情绪与当时深受压迫的广大人民的情绪起着和谐的共鸣。李白诗歌是忧郁、愤怒的,这才是那时代的真实的声音。那种认为李白诗歌反映了"盛唐气象"的看法是没有根据的。

我们没有着重分析李白诗歌在艺术表现方面的特点。但就从上面所引的诗中和粗略的分析中,已经可以看出两个基本特点:

一、诗人有卓越的艺术概括能力。这种概括是诗人根据实际生活、根据对实际生活的客观规律性的深刻分析和领会来完成的。在表现这些规律性时,诗人除依靠观察,还充分发挥了创作上的想象力、幻想、推测和虚构。与这相联系的,是运用语言的夸大。"白发三千丈"是夸大,但却惊人准确地表达了思想。这样,虽然扬弃了现实中的一些细节,却达到了高度的艺术的真实,更集中、更本质地反映了现实。如果把这叫作浪漫主义，那也是符合现实主义原则的、属于现实主义范畴的浪漫主义。

二、诗人常常汲取历史和民间流传的故事，汲取民间乐府的题材、形象和语言。他显然是借助了劳动人民多年来积累起来的生活经验和审美经验的。

李白诗歌的深刻的人民性与完美的艺术形式是完全一致的。

毫无疑问，李白完全是属于人民的诗人。产生李白的忧郁、愤怒的社会制度和时代已经消逝，而李白诗歌却永远不朽，原因就在这里。